U0402358

架海金梁

北京大学国际组织校友访谈录

北京大学学生就业指导服务中心 ◎主编

深入学习贯彻党的二十大精神

实施教育奋进之笔

高校主题出版重点图书

图书在版编目(CIP)数据

架海金梁：北京大学国际组织校友访谈录/北京大学学生就业指导服务中心主编. —北京：北京大学出版社，2024. 6

ISBN 978-7-301-34917-5

Ⅰ. ①架…　Ⅱ. ①北…　Ⅲ. ①北京大学－校友－访问记　Ⅳ. ①K820.7

中国国家版本馆CIP数据核字（2024）第058452号

书　　名	架海金梁：北京大学国际组织校友访谈录 JIAHAIJINLIANG：BEIJINGDAXUE GUOJIZUZHI XIAOYOU FANGTANLU
著作责任者	北京大学学生就业指导服务中心　主编
策划编辑	巩佳佳
责任编辑	巩佳佳
标准书号	ISBN 978-7-301-34917-5
出版发行	北京大学出版社
地　　址	北京市海淀区成府路205 号　100871
网　　址	http://www.pup.cn　　新浪微博: @ 北京大学出版社
电子邮箱	编辑部 zyjy@pup.cn　总编室 zpup@pup.cn
电　　话	邮购部 010-62752015　发行部 010-62750672　编辑部 010-62704142
印　刷　者	涿州市星河印刷有限公司
经　销　者	新华书店
	720毫米×1020毫米　16开本　18.25印张　255千字
	2024年6月第1版　2024年12月第2次印刷
定　　价	78.00元（精装）

未经许可，不得以任何方式复制或抄袭本书之部分或全部内容。

版权所有，侵权必究

举报电话：010—62752024　电子邮箱：fd@pup.cn

图书如有印装质量问题，请与出版部联系，电话：010—62756370

编委会

主　　编：北京大学学生就业指导服务中心

执行主编：陈征微　樊　志

执行副主编：吕　媛　李　妍　李晓瑭　谢爱丽　谢泽中

参编人员：刘　琪　邓晨予　姚宇昂　李辛夷

王艺霏　雷　铭　陈寓理　石　砾

黄蕴仪　申佳祺　周　歆　肖　苗

陈　超　程蕴韵　郁　葱　刘雨薇

钱弘慧　沈雨怿　邓添艺　邱敬甯

高　荣　纪楷欣　付晚枫　钱美利

金　祎　姚心宜　朱婧涵　苏美西

武铭钰　安丽娅　周桂榕　邹　霞

序　言

当前，世界之变、时代之变、历史之变正以前所未有的方式展开，人类社会面临前所未有的挑战。世界多极化、经济全球化、社会信息化、文化多样化深入发展，新一轮科技革命和产业变革正在重塑全球经济结构，国际政治力量对比发生历史性变化，人类文明发展面临着新的挑战和机遇。在全球治理体系和秩序加速变革、全球治理规则和理念加速演变、全球治理主体和议题更加多元的大背景下，更好地发挥国际组织在完善治理机制、解决跨国争端、维护多边秩序、处理公共问题、推动合作共赢等方面的功能和作用，不断完善、优化国际合作秩序，成为全球化时代需着力解决的重要国际命题。

党的十八大以来，以习近平同志为核心的党中央高度重视全球治理工作，做出了“世界正处于百年未有之大变局”的重要论断，提出推动建设新型国际关系、推动构建人类命运共同体“两个构建”的指导方针，着力以中国特色社会主义道路、理论、制度、文化的不断发展，拓展发展中国家走向现代化的途径，创造“人类文明新形态”，积极为解决人类问题贡献中国智慧和中国方案。

习近平总书记指出，人类是一个整体，地球是一个家园。面对共同挑战，任何人任何国家都无法独善其身，人类只有和衷共济、和合共生这一条出路。作为世界第二大经济体，中国秉持共商共建共享原则，积极参与全球治理体系改革和建设，支持国际组织发挥作用，坚持做世界和平的建设者、全球发展的贡献者、国际秩序的维护者，中国在国际舞台上的声音越来越响亮、越来越自信。但与此同时，我们也应注意到，当前我国在国际组织雇员中的比例仍然不足，尤其缺少中高级职员人才，与我国的大国地位不相符合，与我国在各领域扩大国际话语权的要求不相匹配。可以说，人才的缺失已经成为制约中国在全球治理中发挥更大作用的重要因素。因此，培育大批具有国际视野、掌握过硬本领、能够深度参与国际组织治理的高质量人才，是中国在新时代进一步提高对外开放水平、提升国际事务话语权、推动“两个构建”的重要着力点。

教育兴则国家兴，教育强则国家强。北京大学作为国际化水平最高的中国内地高校之一，始终致力于服务国家人才战略需求，立足自身优势、着眼国际前沿，不断完善国际组织就业指导服务体系建设，与各类国际组织开展持续交流与深度合作，输送大批精通专业技能、通晓制度规则、具有国际视野、胸怀远大理想的高素质人才。近年来，北京大学着眼于国内国际两个人才大局和国内国际双循环的新发展格局，打造了北大国际组织人才输送“五个一工程”：全国高校首个国际组织人才工作办公室、首个高校国际组织就业信息网、首门国际组织求职课程、首部国际组织求职教材、首个国际组织专家人才库。通过实施重点领域就业“红绿蓝”三色战略，北京大学策划举办IO Career北大国际组织职业发展系列活动170余场，参与学生上万人次，打造建设PKUIO Club国际组织兴趣社群和PKUIO Family国际组织实习生社群、国际组织专家校友库，人数超过2000人，切实引导广大青年增强国际视野、明晰职业规划，提升全球胜任力和国际化职业素养，让参与构建人类命运共同体的信念在北大学子的心中生根发芽，让为中国人民乃至世界人民的共同福祉而奋斗的理想在广大青年的行动中落地开花。

聚是一团火，散是满天星。国际组织的舞台上始终活跃着许多北大人的身影，既有德高望重的专家学者，也有意气风发的青年新锐。他们薪火相传、接续奋斗，为促进世界和平与发展、推动构建人类命运共同体贡献北大人的智慧和力量。榜样的力量是无穷大的。他们的经历故事、他们的思考体悟、他们的家国情怀，都是引导更多青年学子投身全球治理事业最好的教育素材。

缘此，本书采访了三十几位在国际组织任职的北大校友，通过鲜活的故事、生动的讲述、理性的思考，多维度、多层面呈现出国际组织的工作内容与工作职责，跨年代、跨学科、跨岗位地展现着中国人、北大人在国际舞台上的风采与贡献。

习近平总书记强调，当代中国青年生逢其时，施展才干的舞台无比广阔，实现梦想的前景无比光明。国际组织既是增强中国国际影响力、推动人类合作共赢的重要平台，也是青年人展示才干、提升自我的广阔舞台。希望广大青年学子能从这些北大人的事迹与思考中汲取精神力量、树立高远理想，在职业生涯的规划中拓宽视野、打开思路、着眼大局，将家国情怀与全人类共同价值相融合，自觉肩负起新时代大国青年的责任和使命，促进世界人民携手开创人类更加美好的未来。成长在新时代的青年更应该珍惜时光、努力学习、积极实践，不断培养自己具有开放的格局心态、扎实的专业素养、过硬的能力本领、务实的态度作风，向世界展现当代中国青年的自信与风采，向全世界发出中国声音、讲好中国故事、做出中国贡献，让青春在全面建设社会主义现代化国家的火热实践中绽放绚丽之花，在推动构建人类命运共同体的宏伟征程上绽放绚丽之花！

2024年2月

目　　录

引航之帆——从北大走向世界的先驱者

中流砥柱——全球治理中的北大力量

后起之秀——国际舞台上的北大青年

小荷初露——人类命运共同体的未来希望

附　　录

引航之帆

从北大走向世界的先驱者

林毅夫：

我的全球发展治理观与新结构经济学

人物简介

林毅夫，北京大学经济系硕士、芝加哥大学经济系博士、耶鲁大学博士后。北京大学新结构经济学研究院教授、院长，北京大学南南合作与发展学院院长，北京大学国家发展研究院名誉院长。2008年被任命为世界银行首席经济学家兼发展经济学高级副行长，成为担此要职的发展中国家第一人。2012年在世界银行的任期届满，返回北大，继续教学研究工作。现任全国政协常委，国务院参事，在国内外多个有关发展政策、农业、减贫的委员会、领导小组兼职。

发展问题作为全球性问题之一，困扰着绝大多数国家与地区。第二次世界大战以后，致力于解决全球发展问题的国际多边机构纷纷成立，与主权国家等国际行为体协同合作，共同应对因发展不足而带来的政治、经济、社会等各方面的挑战。尽管国际多边发展机构努力践行其宗旨和使命，但理论经验与现实实践之间的鸿沟却告诉我们，进一步推动全球发展治理依旧“道阻且长”。为此，本书编委会特邀林毅夫教授讲述他的全球发展治理观与新结构经济学理论，探讨全球发展治理进程中遇到的瓶颈与挑战，以及为国际发展与全球治理提供的新思路与新方案。

林毅夫在发表主题演讲

记　者：林教授您好，您如何看待国际多边机构在全球发展治理中发挥的作用？

林毅夫：过去，国际多边机构在开展全球发展援助与合作、促进发展中国家经济发展、消除贫困等方面，进行过许多积极的努力与尝试，但是成效不尽如人意。

第二次世界大战以后，亚非拉原先的殖民地、半殖民地国家纷纷取得政治上的独立，开始追求国家的发展。当时的发达国家为了帮助发展中国家发展经济，摆脱贫困，缩小国际贫富差距，成立了许多国际多边发展机构，像联合国开发计划署、世界银行等，还有一些地区性的开发银行，比如亚洲开发银行、非洲开发银行、拉丁美洲开发银行等。部分发达国家自己也成立了双边的发展机构，如美国国际开发署、法国外交与国际发展部等。除了这些官方机构之外，发达国家的民间基金会，像洛克菲勒基金会、福特基金会等也同样致力于帮助发展中国家的经济发展。

从统计数字来看，按2010年的购买力平价计算，第二次世界大战后，发达国家经过多边、双边和民间的组织，给发展中国家提供了约4.7万亿美元的发展援助。该援助金额着实不小，但是至今为止，在第二次世界大战后兴起的众多发展中经济体中，只有两个经济体从低收入行列进入高收入行列，分别是韩国和中国的台湾省。到2025年，中国大陆很可能会成为第三个从低收入晋升为高收入的经济体。

根据世界银行的指标，1960年时，世界上有101个中等收入经济体，到了2008年，即我到世界银行当首席经济学家兼发展经济学高级副行长时，只有13个变成高收入经济体。其中，8个是欧洲国家，如希腊、西班牙、葡萄牙等，这些国家与西欧发达国家间的差距原本就不大；其他5个分别是韩国、中国台湾、中国香港、新加坡和日本。其实，每个发展中国家、发展中经济体都有发展经济追赶发达国家的愿望，而国际多边、双边和民间组织也有帮助的意愿，并且提供了很多资金援助这些发展中经济体，但实际上绝大多数的发展中经济体并没有缩小跟发达国家的差距，仍然长期停留在低收入或是中等收入阶段。这是全球发展治理在下一阶段亟待解决的问题。

记　者：在您看来，上述国际多边发展机构取得的成效为什么不及预期？

林毅夫：其实，国际多边发展机构也意识到了这个问题，也在不断改变发展援助的方向。但是，思路决定出路，若思路错了，即使有好的愿望和许多资金、人力、物力的投入，成效很可能也会并不显著。

例如，在第二次世界大战刚刚结束后的20世纪五六十年代，发展中国家和经济体在取得政治独立后，开始追求工业化和现代化，希望能民富国强，赶上发达国家。这一方面是基于其自身的发展愿望，另一方面也源于国际多边发展机构的推动。因为当时这些机构的共识是：一个发展中经济体的收入如果要达到发达国家的程度，就必须有和发达国家同样水平的劳动生产率，也即必须有和发达国家一样先进的制造业。所以，这些国际多边发展机构当时就在这些发展中国家投资了一些工业化项目，建立了钢铁厂、汽车厂等。但是大部分产业建立起来后都没有竞争力，同时还带来了就业不足和经济发展停滞的问题。

到了20世纪80年代，国际发展的思路发生改变，人们认为发展中国家经济发展绩效差是因为政府对经济干预太多，没有建立起和发达国家一样完善的市场经济体系，所以国际组织帮助发展中国家进行所谓的结构调整（structural adjustment），以消除政府干预，推动市场化、私有化、自由化，并建立完善的市场经济体系。当时一系列援助项目的资金是用来支持这些结构调整改革的，并且也以这些改革作为条件，即只有推动这些改革的国家才能获得援助。诚然，一个完善的市场经济体系很重要，可是按照当时主流的国际发展思路推行相应政策的国家却遭遇到了经济崩溃、危机不断的问题，这也导致他们与发达国家的差距进一步扩大。

在此情况之下，国际发展援助就从帮助发展中国家进行工业化和建立现代化的市场制度，转变为开展人道主义的项目，包括改善发展中国家的医疗、教育水平，强调性别平等，改善工人的工作条件，以及完善政治治理水平（如反对腐败、增加透明度）等项目。这些项目看起来都很重要，可是在实际效果上同样没有真正帮助发展中国家实现经济建设的飞跃。

于是我在世界银行工作时就开始进行反思，并根据反思提出了一个新的发展经济学理论体系——新结构经济学。新结构经济学的观点是：要消除贫困需要收入水平不断提高，而收入水平提高的基础是结构不断变迁，包括技术创新、产业升级、基础设施完善、制度改革等。这种结构变迁是一个国家经济发展的本质，只有这样才有办法提高收入水平。如果发展援助旨在增加资源，帮助发展中国家消除结构变迁过程当中的瓶颈限制，效果就会好；反之，即使主观愿望很好，效果也不会理想。

记　者：那您认为，目前发展中国家主要存在哪些发展瓶颈呢？根据您的新结构经济学理论，该如何解决相关问题呢？

林毅夫：发展中国家现今最主要的发展瓶颈是基础设施普遍很差。中国的发展智慧中有一条是“要致富先修路”。这也是为什么当我国成为世界第二大经济体，应该为国际发展援助承担更大责任时，提出了以基础设施互联互通为抓手的“一带一路”合作倡议的原因。这个倡议切中各国发展的瓶颈要害，所以提出后在国际上得到很多支持。为了落实“一带一路”基础设施互联互通的建设，我国倡议成立亚洲基础设施投资银行，随后就有57个创始会员国加入，现在该组织的规模已经超过100个国家，是目前除了世界银行之外，会员数目最多的国际多边开发金融机构。

回到前面提到的反思，为什么过去的发展援助，不管是多边、双边还是民间的援助，实际效果与预期差距比较大？最主要的原因是现在的发展思路都来自于发达国家，基本上是从发达国家有什么，来看发展中国家缺什么，并以此为标准来帮助发展中国家追赶发达国家的。例如，20世纪五六十年代的工业化项目，发达国家拥有先进的制造业，而发展中国家的产业普遍是落后的农业和矿产资源产业等，所以开始大力推动投资设厂。

或者遵循另一种思路，即看发达国家什么能做好，但发展中国家还没有做好，进而帮助发展中国家以发达国家为榜样进行改革，例如，20世纪八九十年代，发达国家有比较完善的市场经济制度，发展中国家政府干预扭曲非常多，市场经济的一些制度安排残缺不全、效率低。于是，当时国际发展机构就帮助发展中国家着力建设与发达国家一样的现代市场制度。这个用意虽然非常好，但同样遭遇失败。最近这二十年来，由于之前的发展援助不成功，国际发展机构转而根据发达国家的标准，认为那些在发达国家优先级高的事在发展中国家也同样重要，于是教育、健康、性别平等、政治透明等就成为发展援助的主要内容，但是效果同样不好。

从我倡导的新结构经济学视角来看，少数几个成功转型的发展中经济体的做法正好相反，他们大都从“自己现在有什么”出发，根据“自己现在有的，什么能做好”，在政府的因势利导下帮助企业把“能做好的”做大做强。发展中国家现在有什么？普遍是人多、劳动力多，或是自然资源多。根据劳动力资源或自然资源丰富的条件，能做好的是一些劳动密集型的制造业、传统的消费品产业或是农业，以及自然资源产业。要把这些产业，特别是劳动密集型产业和消费品产业做大做强，将比较优势变成竞争优势，必须有基础设施，如充足的电力、良好的道路和港口等，这样产品才能生产出来，并卖到国内、国际市场。根据发展中国家有什么、能做好什么的思路来帮助他们消除做大做强的瓶颈，这样的发展援助效果就会好。根据上述思路，我从世界银行开始，在几个发展中国家做试验，取得了立竿见影的效果，可以迅速创造就业、促进出口，增加外汇和财税收入。

记　者：您能举个例子，具体介绍下在发展中国家进行试验的情况吗？

林毅夫：就经济发展和减贫来说，目前最困难的地方是撒哈拉沙漠以南的非洲国家。我在担任世界银行首席经济学家兼高级副行长时就选择了非洲最贫穷的国家之一埃塞俄比亚作为试点。

埃塞俄比亚是一个内陆国家，没有资源，人口9000万，基础设施差，营商环境不好。按照新自由主义的观点，这样的国家想谋求发展就必须像发达国家那样，建设好全国的基础设施和营商环境，这样才能使制造业自发地发展起来。但是，要把全国的基础设施和营商环境建好要等到何年何月？而且，许多按照新自由主义观点去改革的国家出现了去工业化的现象。

从新结构经济学的角度来看，埃塞俄比亚现在有的就是劳动力，劳动力多而且便宜，能做好的就是劳动密集型的加工业，要创造许多就业机会，就应该以出口到国际大市场为目标，基础设施差、营商环境不好，可以由政府设立工业园，实行一站式服务，缺技术，可以由政府用招商引资的方式把有技术的厂家吸引来。

为此，我做了一个 “非洲轻工业发展”的政策研究项目。2011年3月，我到埃塞俄比亚首都亚的斯亚贝巴与时任埃塞俄比亚总理梅莱斯交流研究成果，推荐了上述思路，并建议梅莱斯总理学习中国的“一把手工程”，亲自到中国来招商引资。我很高兴梅莱斯总理采纳了这个建议，他于当年8月到东莞招商，10月完成了将东莞厚街的华坚鞋业引进到埃塞俄比亚进行投资的考察，在2012年1月就正式投产，雇佣了600人，到2012年年底雇佣了2000人，成为埃塞俄比亚最大的企业。此举当年就让埃塞俄比亚的皮革业出口翻番，到2018年年底该企业已经雇佣8000多人，成为埃塞俄比亚的一个奇迹，并且产生了星火燎原的效果。现在，埃塞俄比亚是非洲吸引外商在制造业上投资最多的国家，2013—2018年，该国制造业出口翻了两番。

记　者：林教授，全球治理关涉各类国际行为体，包括主权国家、国际组织、跨国企业乃至各类社会团体，根据新结构经济学理论，各行为体之间该如何协调合作？不同的行为体又扮演着怎样的角色，发挥怎样的作用呢？

林毅夫：所有行为体共同认同的目标应该是促进国际和平、帮助发展中国家发展。在此目标下，各行为体可以发挥各自的比较优势，有钱的出钱，有力的出力，有好的经验共同分享。而且，应该如孔老夫子所说的“毋意、毋必、毋固、毋我”，以真正能帮助发展中国家发展经济、消除贫困为检验的标准，而不是以自己的喜好、理念为行为的出发点。

记　者：您认为，中国青年应该如何参与全球发展治理呢？

林毅夫：我国现在面临百年未有之大变局，尤其是中国和金砖国家的经济总量在国际上的比重越来越高，在国际多边机构和国际治理中，我国应该有更大的代表权。同等重要的是我国要有更大的发言权，发言权中最主要的是要改变过去发达国家主导发展中国家的发展思路的格局，因为思路决定出路。我们在培养参与国际合作和国际治理的人才上也是同样的道理，要培养懂得怎么帮助发展中国家发展起来，真正拥有这样的思路的人才，输送这样的人才到国际机构工作，引领国际多边发展机构发展思路的改变。

我这些年一直在倡导新结构经济学，成立了新结构经济学研究院，非常愿意在人才教育方面多投入，让我们培养出来的人不仅能够适应国际多边发展机构的工作环境，而且能够引领这些国际机构改变发展思路，让我们所希望的共享繁荣的人类命运共同体能够不是梦，而是现实。

校友金句

1. 所有行为体共同认同的目标应该是促进国际和平、帮助发展中国家发展。在此目标下，各行为体可以发挥各自的比较优势，有钱的出钱，有力的出力，有好的经验共同分享。而且，应该如孔老夫子所说的“毋意、毋必、毋固、毋我”，以真正能帮助发展中国家发展经济、消除贫困为检验的标准，而不是以自己的喜好、理念为行为的出发点。

2. 要培养懂得怎么帮助发展中国家发展起来，真正拥有这样的思路的人才，输送这样的人才到国际机构工作，引领国际多边发展机构发展思路的改变。

何昌垂：
从科研工作者到联合国管理领军人

人物简介

何昌垂，北京大学城市与环境学院1989级校友，国际欧亚科学院院士，遥感与地理信息系统专家，在联合国系统从事自然资源与环境合作以及高层管理工作长达25年，具有丰富的国际组织工作经验。曾任联合国粮食及农业组织副总干事（副秘书长级）、联合国亚洲及太平洋经济社会委员会自然资源与环境司空间应用处处长及亚太地区遥感技术主任等职。他对世界特别是亚洲地区农业与粮食安全做出杰出贡献，获得日本、蒙古和尼加拉瓜等多个国家有关机构的表彰。

作为迄今为止在联合国系统经历了从P5（处长）到D1（副司长）、D2（司长）、ASG（助理秘书长）及USG（副秘书长）各个级别的第一位中国籍官员，2020年11月，何昌垂先生回到母校，在“大国青年”北京大学国际组织主题月高端讲坛发表演讲。借此契机，本书编委会特邀何昌垂先生，讲述他在联合国任职期间面临的挑战与取得的成就，探讨全球治理新格局中的中国智慧与人才培养。

何昌垂发表主题演讲

记　者：何老师您好！我了解到您于1989年进入北京大学学习，在燕园的五年学习生活有哪些令您难忘的经历呢？这些经历对您之后的职业生涯产生了什么影响？

何昌垂：年轻的时候，我从乡下考到了家乡的最高学府——福清一中，那时候我就有一个去北京上大学的梦想。但是由于一些历史原因，我的学业一度被迫中断。后来能到北京大学攻读博士学位，我感到非常幸运，这是时代给我的一个机会。作为一个第二次走进课堂的成年人，我当时需要一边兼顾在联合国亚洲及太平洋经济社会委员会的工作，一边系统地学习博士课程。虽然压力很大，但我深知这个机会来之不易，所以认真刻苦地按照学校的要求去完成学业任务。

在这期间，我参与了一次国家遥感中心在北大遥感所召开的工作会议。会上时任北大副校长的沈克琦老师的发言给我留下了深刻印象。他说国家机关的管理干部今后应该要有高学历，要既懂技术又得懂管理。这句话成为我后来工作的一个重要指南，也就是说，作为业务干部，需要学习管理知识；作为管理干部，需要加强业务学习。

我们北大遥感所的那批老教授，比如我的导师王乃樑教授、承继成教授等，在当时国家条件比较困难的情况下开展科研工作，真可谓是筚路蓝缕。他们当时去野外考察，往往都是身上背着大大的背包，双手一手拿着罗盘，一手拿着遥感照片。虽然科研条件艰苦，但是他们始终坚忍不拔，面对再大的困难也从不退缩。我从他们身上学到了两个重要品质：第一个是治学严谨，第二个是吃苦耐劳。我们专业的老师和学生也都非常团结，许多野外考察工作大家都是一起完成的。这种在北大培养熏陶出来的团队合作精神，对我走上工作岗位后建立富有集体行动力的队伍影响深远。

回想起来，我觉得我在北大的那几年，不仅学到了遥感方面的专业知识，还培养了艰苦奋斗、勤奋严谨、团结协作的治学作风，特别是北大传统中深厚的家国情怀深深地影响了我。这些影响对我来说是非常深远的，也成为我一直到现在工作生活和为人处世的指南。

记　者：您曾任联合国粮食及农业组织副总干事，进入了该组织的最高管理层，您觉得自己在任职期间最有成就感的事情是什么？

何昌垂：我从1988年起到2013年，有25年的时间在联合国工作。这期间我做了很多事情，尤其在一些有关人道主义救援、帮助弱势群体应对危机的重大事件中，我觉得我的努力是对得起组织、祖国和世界人民的，也是对得起自己的。

2003年年末，东南亚暴发了禽流感，引起了民众极大的恐慌。我作为地区农业事务的总负责人，首先前往疫区了解和掌握当地的情况。

那时，人们连鸡肉和鸡蛋都不敢吃，在最初暴发禽流感的泰国、越南等地，一旦农场中出现一只病鸡，所有禽类就全部被扑杀掩埋。

在这样严峻的形势下，我们联合国粮食及农业组织的地区办公室是应对最及时的团队。我们最早进入该地区进行监测预报与预警，同时也最早帮助灾区开展防控、扑杀以及灾后重建活动。紧急救援最重要的一个字就是“急”，所以应对这些紧急情况时，可能要打破常规，如果一切都要想得都很周到再去办的话就晚了。

2004年的印度洋海啸是亚太地区在不到两年的时间内经历的又一场巨大自然灾害。在这场灾害中，我们及时有效的救援工作也得到了全世界的认可。在随后的全球粮食危机、海地地震以及巴基斯坦的洪水灾害中，我们都按照一定的应急模式去组织善后事宜，总结出一套应急管理经验的同时，还尝试了一些创新性的组织安排。我觉得这些成果是国际组织被认可、被需求的一个重要原因。老百姓从我们的工作中得到了及时的帮助，而不是处于完全无助的状态。诚然，当今世界还有很多问题没有得到解决，但是国际组织在全球各种人为或自然紧急灾害的应急过程中所发挥的作用是非常重要且不可或缺的。

记　者：在取得丰硕成果的同时，您在工作中有没有遇到过一些特别棘手的情况呢？

何昌垂：2006年，联合国粮食及农业组织开始了一场史无前例的改革。这场改革发端于一些发达国家，即经济合作与发展组织（Organization for Economic Co-operation and Development，OECD）国家对于联合国机构官僚机制及其低效的不满，也发端于个别发达国家对于第三次连任的总干事的不满。因此，经济合作与发展组织国家发动了一场针对联合国粮食及农业组织的“政变”，即联合国粮食及农业组织历史上著名的“独立外部评估”（IEE）——在没有联合国粮食及农业组织大会和理事会任何授权的情况下，对该组织进行所谓的独立外部评估。这在国际组织治理规制上是不合规的。这一举动受到了广大发展中国家的反对。应该说，这是一场“保粮农”和“换粮农”的南北斗争。

所有的国家都在秘书处里面寻找代理人，希望有了解内部情况的人能够为他们提供更多的意见和想法，为他们提供一些“炮弹”。我们秘书处的职员为了能够把组织办得更好，也花了很多心思。我当时是地区办公室的第一负责人，在整个改革的五到六年的过程中，我是参与最多的，提的建议也是最系统的。这些建议在改革过程中都得到了认可，被写进了相关建议文件里。我当时提出来的建议主要有几个侧重点：第一，应该加强地方能力建设。我觉得我们把力量全部集中在总部是有问题的，应该要把力量挪到最需要的地方去。换句话说，要权力下放，要把一些技术资源、资金资源等从总部下沉到地方。第二，关于管理模式的问题，我们应该更强调一种扁平的管理模式，我当时提出了渔网（Fish Net）状的管理模式，即撒下去应该是扁平式的，而不是金字塔式的，否则就很有可能产生官僚作风，所以应该减少管理层次。第三，关于紧急救援的问题，基于应对禽流感以及印度洋海啸等灾情的经验，我觉得促进紧急救援的资金要得到更加灵活的使用，紧急救援工作也不能完全按部就班地进行。

记　者：您在联合国粮食及农业组织工作这么多年，在平衡不同国家利益诉求时面临了无数挑战，例如，您在《我的联合国之路》一书中提到在组织几次地区部长会议、领导地区和国家的发展项目、进行联合国粮食及农业组织改革等过程中都面临了重重障碍。那么，您是如何应对这些挑战的呢？

何昌垂： 组织的改革反映了不同国家的不同诉求。联合国是一个博弈的平台，不管是组织地区部长会议还是其他领导人的会议，都会有不同的利益相关方在其中进行博弈。

根据职业要求，我们应该忠于联合国。但是在面对现实问题时，不同的利益集团总会要求秘书处支持他们的一些想法和立场。无论是一场会议议程的选择、文件的起草，还是项目的落实、经费的分配，这种博弈处处都有体现。

在这些问题面前，国际组织的公平性是非常重要的。发展中国家历史上长久受到殖民主义的掠夺，如今应当享有发展权。然而，目前的状况并不能，也不可能使他们有更多的发展机会，机会对发达国家和发展中国家是不均等的。因此，我们在设计项目、决定会议议程时，会尽可能满足发展中国家在规则制定、机会、权利方面的平等诉求。这是很重要的，也是无可非议的。

记　者： 作为联合国副秘书长级别的官员，您在管理职员构成多元化的团队方面有什么心得？

何昌垂： 联合国是多元文化的典型，拥有190多个成员国，其中有公民参加联合国工作的大概有120个国家。职员的文化背景、宗教背景、教育背景以及所涉及的专业领域都是五花八门的。可能某些话对于来自一些国家的人来说是一种幽默，但是到了另一些人那里，就变成一种冒犯，甚至攻击。

对中国人来说，语言是一个比较大的障碍。我们把外语作为一种工作工具就已经很不容易了，去理解一些外语中的幽默，可能就更加困难了。我相信很多人去听CNN、BBC的时候，虽然能听得懂每个单词，但是却未必理解某一句话背后的含义。我们也见到过同事为了这样一些小事吵架，确实是因为语言存在一定障碍。

我最近听到一个故事，就发生在某次G20峰会上。中国代表团带着一些企业家到了主办国，但是发现东道主的工作习惯跟我们不一样，比如，我们说好了8点30分见面，如果不准时到达就是对别人的不尊重、不礼貌。但是对方并不是这样的，他们往往晚一点才到。这也是一种多元文化的体现。所以，我们在努力学好外语的同时，还要去了解其他国家的法律、文化、宗教以及他们的价值观、习惯等，这样才能在交往交流中充分理解并表现出对别人的尊重。从另一个角度来说，不同文化背景的人之间有时会有很大的差异，但这也为各种观点的对话和交融提供了可能。所以如果进入国际组织工作的话，大家要有人文关怀和同理心，学一些国际社会交往方面的知识是很有必要的。

记　者：40多年来，联合国粮食及农业组织见证了中国从一个受援国转变为向南方国家提供技术援助和其他发展解决方案的援助国。根据您在联合国多年工作的经验，您认为中国在农业国际合作方面怎样才能作出更大的贡献？

何昌垂：中国作为联合国的创始成员和坚定的支持者，矢志不渝地支持多边主义，做出了许多历史性的贡献。比如说，中国近几年来在联合国粮食及农业组织设立了8000万的信托基金。这些信托基金为联合国开展培训、技术援助、统计农业数据等工作提供了支持。中国还派出了4000多名技术人员到发展中国家去支持农业建设，帮助他们种水稻、种茶、建设小水利工程等，我参观过好多这样的基地。从南太平洋到非洲，在许多艰苦、贫困甚至战乱的地区，都有中国人进行南南合作的身影。

同时，中国参与国际农业合作还是有一些可以提升的方面。首先，结合“一带一路”倡议，我认为应该提高“一带一路”沿线地区农业合作的分量。“一带一路”沿线地区农业就业占比超过40%，农业占GDP的比例超过20%，这里同时也是贫困、饥饿、营养不良、生态恶化等问题比较集中的区域。生态恶化本身导致了贫困，反过来贫困又加重了生态恶化和社会动乱。所以对这些地方来说，解决农业问题刻不容缓。因此，我们应当争取通过共商、共建、共享的办法，提高“一带一路”沿线地区农业合作的分量。

其次，我觉得还可以从过去着重于技术的援助，扩展到关于援助政策的磋商。中国用占世界9%的土地、6%的淡水资源，解决了全球20%人口的吃饭问题，说明我们在解决粮食安全问题方面是有独到之处的。我们党和国家始终坚持把粮食安全作为国家安全的重要战略组成部分，十几年来，每年的第一个红头文件都是关于“三农”问题的。中国有了这个战略思考，就有了政策规范；有了政策，就有了具体的规划；有了规划，就有了资金以及人力资源的动员组织分配。虽然我们自己很清楚中国模式，但是对世界其他地区的人们来说，他们不清楚中国模式到底是什么，甚至有的还不太相信。今后我们不妨把国际合作提升到政策研究的层次，这样就可以把中国智慧传播到其他地方去。我们不会强加于人，但是我觉得这是一个今后可以填补的空白。

最后，我认为还应该提高合作的质量。中国的对外农业合作有相当一部分是通过社会招标，由企业出去执行的。在这种情况下，就会存在急功近利的风险。所以我觉得今后应该加强受益方，即老百姓的直接参与，让他们参与讨论哪些项目应该优先进行，以及项目的具体实施和目标任务。同时，我觉得我们还应该考虑增加项目的参与方合作伙伴，比如一些西方国家的项目除了跟政府合作以外，也会适当地吸引一些第三方，特别是非政府组织来参与项目的执行。我想这对于我们发出中国声音、传播中国思路会有所帮助。

记　者：2019年，屈冬玉先生当选联合国粮食及农业组织新一任总干事的消息令人振奋，但与此同时，我们也清醒地认识到中国雇员在国际组织中担任重要岗位的非常少，您能否对已经进入国际组织工作的中国籍官员提几点发展建议？

何昌垂：这几年中国逐渐走向全球治理舞台的中心，是因为中国需要世界，世界也需要中国。从某种意义上来说，我们是被“逼着”走向中心的，这是历史和现实的要求。因为中国的经济总量已经居于世界第二，所以国家这几年很重视中国在全球治理中发挥的作用。在这种背景下，我们在国际组织的人员增加了。1998年，联合国粮食及农业组织只有十几个中国雇员，现在有60多个，但总体上中国人在联合国系统里的占比还是很低。现在联合国里的中国职员只占了总数的1.7%，但我们交会费的比例却超过12%，所以从这个意义上来说国际组织中的中国雇员还是代表性严重不足的。

在这种情况下，已经进入联合国系统的人是很幸运的。我希望他们能够不负韶华，利用这样一个机会，多做一些贡献。因为对于国际组织中的中国人来说，要学的东西很多，要学外语，还得学规则，需要了解人家运作的程序，了解跟我们不同的体系。我们要不断学习，坚持学习，活到老学到老。

1. 我觉得我在北大的那几年，不仅学到了遥感方面的专业知识，还培养了艰苦奋斗、勤奋严谨、团结协作的治学作风，特别是

北大传统中深厚的家国情怀深深地影响了我。这些影响对我来说是非常深远的，也成为我一直到现在工作生活和为人处世的指南。

2. 我们在努力学好外语的同时，还要去了解其他国家的法律、文化、宗教以及他们的价值观、习惯等，这样才能在交往交流中充分理解并表现出对别人的尊重。

马雪松：

激荡四十年——从外交部到联合国

人物简介

马雪松，北京大学英语系1983级校友，现任联合国秘书处大会和会议管理部（大会部）中央规划协调司司长。1983—1986年在北京大学英语系攻读文学学士学位；1986—1988年在北京外国语大学联合国译员培训班攻读同声传译专业硕士学位。1988年进入外交部翻译室工作，历任英文处副处长和培训处处长；1996年进入外交部国际司工作。2000年进入联合国，担任时任联合国副秘书长金永健的特别助理；2011年起担任联合国大会部中文笔译处处长；2015年至今担任联合国大会部中央规划协调司司长。

棋盘交错的街道上川流不息，夜里的纽约意味着另一种忙碌，但对于马雪松而言，眼下是属于他和家人的珍贵时光。女儿在场馆内练习芭蕾舞，他在一旁静静地看着，做女儿最忠实的观众。而就在这时，来自秘书长办公室的电话打破了原有的闲适与宁静，一个紧急的重要会议需要他马上投入工作、抓紧筹备。这对联合国职员马雪松来说，是经常发生的事情。

马雪松说，他最初从未想过会到联合国秘书处工作，就连学英语、做翻译这条走了几十年的路，都在他的意料之外。

马雪松在翻译人才发展国际论坛上发表讲话

适逢其时

马雪松说："在我看来，人生其实是充满偶然的，大环境对个人的影响与其自身的努力扮演着同样重要的角色。"

1978年的中国刚刚走出一场长达10年的动乱，整个社会正孕育着新的变革和希望。对于许多人而言，这是改变命运的一年，尚是小男孩的马雪松似乎也迎来了他人生轨迹的第一个拐点。位于北京城西的白堆子外国语学校在沉寂多年后终于恢复了招生，恰逢"小升初"的马雪松幸运地成为了这所学校的首届初中生。不成想，这届学生竟成了白堆子的"大熊猫"。从次年起，学校便只招收高中生了。就这样，马雪松成了改革开放后第一批学外语的中学生。

在那个学习材料匮乏的年代，持之以恒的语言训练帮助马雪松打下了扎实的基本功，而学校长达五年的封闭式管理和难熬的冬季长跑则锻炼了他超出同龄人的自制力。中学时光如白驹过隙，很快，这个北京男孩就迎来了高考这一人生的岔路口。

“变化”可以说是20世纪80年代的关键词，白堆子外国语学校也不例外。转眼间，这所外语学校升格成为外语师范学院。当时，高考是千军万马过独木桥，竞争异常残酷，这所外语师范学院适时地给在校生抛出了橄榄枝——高中毕业后可以通过自招考试留校念师范，而如果选择参加高考，则需要自己找补习班备考。马雪松不是个爱冒险的人，但是成绩不错的他还是想去搏一搏。在留校念师范和参加高考之间，他选择了后者。凭着一股不服输的韧劲和破釜沉舟的决心，1983年的夏天，他最终迈进了北京大学的校门。

燕园岁月

马雪松和北大英语系的缘分始于一封特别的录取通知书。他清楚地记得自己当初填报的志愿是西方语言文学系英语专业。但就在这一年，刚刚成立的英语系[①] 开始单独招生。于是，马雪松阴差阳错地成了北大英语系的首届学生。英语，似乎和他结下了不解之缘。而英语系初建时开展的跳级试点工作，则促成了另一个巧合。马雪松在入学伊始的摸底考试中成

① 1946年北京大学东方语文学系（简称东语系）成立，原外国语文学系的其余部分更名为西方语文学系（简称西语系）。1952年院系调整时，北京大学重新组建了西方语言文学系、俄罗斯语言文学系和东方语言文学系，此三系建制一直延续到1983年英语系成立。1999年，北京大学外国语学院在原有的四系基础上成立，并在2008年进行了新一轮的院系调整，由阿拉伯语系、朝（韩）语系、德语系、东南亚系、俄语系、法语系、南亚学系、日语系、西葡意语系、西亚系、亚非系、英语系、外国语言学及应用语言学研究所、世界文学研究所、MTI教育中心组成。

绩优异，被选拔为四个跳级生之一，于是他和1982级学生一起上专业课。横跨两个年级的马雪松得以结识更多朋友，大学生活也变得格外丰富。

专业学习之外，北大诸多学科的交融、浩如烟海的藏书，以及开放包容的氛围深深吸引着他。马雪松成了图书馆的常客，他喜欢那种大家共处一室、努力学习之中迸发出的生机感。大学的第一个暑假如期而至，班主任刘意清老师建议同学们莫要荒废假期，要保持阅读的习惯。马雪松认真地执行了这一嘱咐。他去图书馆借阅了威廉·福克纳（William Faulkner）的《喧嚣与骚动》（The Sound and the Fury），在一个资讯匮乏而滞后的年代，他并不知道这位典型的现代主义作家的作品以晦涩难懂著称，这本书更是充分展现了作者多视角、意识流及疯癫话语的叙事风格。于是，一个个生僻的单词，全靠查字典硬啃。通读下来，马雪松虽然仍有些不解其意，但在整个假期的坚持中，他的词汇量和阅读能力不知不觉地提升了。

“做一件事所获得的成就感会使你更热爱这件事，而这份热爱会让你投入更多的精力、获得更多的成就感，由此形成一个良性循环。”北京大学英语系的训练向来注重文本细读能力，原本就具备相对扎实基本功的马雪松，在大学伊始经历了福克纳的锤炼和洗礼后，稳扎稳打地走上了英语学习的快车道。

三年时光一晃而过，在毕业择业的岔路口，马雪松计划报考研究生。“其实不知道想研究什么，只是觉得自己学习还不错，不读研好像对不住这个成绩。”当时，马雪松本来打算和室友们一起，报考北京大学英语系，研究狄更斯。但一个突如其来的小插曲改变了这一切。一天，马雪松的室友在《人民日报》副刊的角落里看到了北京外国语学院[①] 联合

① 1994年更名为北京外国语大学。

国译员培训班硕士项目的招生信息，这个译员培训班专门为联合国培训中文口、笔译工作人员，毕业后可以前往联合国工作。对于这群北京大学英语系的小伙子们来说，联合国无疑是令人向往的地方，大家一拍即合，决定改报北京外国语学院的联合国译员培训班，马上紧锣密鼓地准备了起来。虽然准备的时间不多，但凭借之前打下的扎实功底，马雪松最后成了宿舍里唯一通过考试的一个。“口试考得很一般，但可能是因为笔试成绩比较好吧，最后真就考上了。”

北京大学英语系培养了马雪松扎实的阅读理解能力和文学素养，而注重听力及口语训练的联合国译员培训班则让他的听力和表达能力以及高压下的心理素质得到了极大的提升。这两年的专业训练成了他开启翻译职业道路不可或缺的一部分。硕士毕业后，马雪松进入外交部工作。当时，中国选派至联合国的中文口、笔译工作人员采用五年一轮换的轮岗制，按照以往的惯例，马雪松原本在外交部工作一两年后，就应该接替之前派出的人员赴纽约工作。但是，命运似乎和马雪松开了一个善意的玩笑，他没有想到，自己的联合国之旅竟迟到了十年。

外交部的日子

马雪松职业生涯的第一站是外交部翻译室。入职三个月后，由于在室里的年末外语考核中表现突出，初出茅庐的马雪松得到了时任翻译室英文处处长杨洁篪的关注和培养，并很快迎来了初试拳脚的机会。1989年4月，一次重要的记者招待会需由外交部负责翻译工作，杨洁篪决定推出这位成绩优异的年轻人。凭着一股“你敢让我上，我就敢上”的劲头，马雪松接受了挑战。

那段时间的每个周末，马雪松都骑着自行车从家里出发，穿过大街小巷来到外交部，由杨洁篪一对一培训。杨洁篪念着《人民日报》，马雪松则聚精会神进行交替传译，春末的北京城已散去凉意，空气里仿佛也透着闷热和慵懒，而翻译室内此起彼伏的中英文却不曾停过。

记者招待会如期而至，马雪松心跳不受控制地快了起来。一开场，马雪松就遇到了磕绊，他将“（中国）国务院发言人”翻译成了“Spokesman of the State Department”，坐在后边的杨洁篪轻轻提示：“State Council...”这一提醒让马雪松迅速镇定下来，这位年轻的翻译官专注地聆听发言人的每一句话，在有节奏的翻译中渐入佳境。随后的两个多小时里，他再也没有出过纰漏。这是一场需要极佳专业水平、心理素质和体力的战役，在无数镜头的记录与无数观众的关注下，马雪松成功“出道”了。

“到最后，我脑子都快转不动了，但所幸还是撑了下来。”会议结束后，马雪松顾不上多休息，赶忙坐班车回外交部吃午饭，他下午还将继续工作。他清楚地记得，在那个有些恍惚的中午，自己下车后直奔外交部食堂，花五毛钱买了一碗肉末豆腐。

随着实战经验的日益丰富，马雪松开始接触更多重要的工作。过去那些只能在《新闻联播》和《人民日报》上看到的外事新闻，现在的他竟能亲身经历：高层会晤时，他坐在领导人的身后默默记录、轻声翻译。

20世纪90年代初，联合国的中文口、笔译工作人员由中国政府派遣、五年一轮换改由联合国直接聘任，早于马雪松派出的一批在职翻译人员与联合国续签了长期合同，常驻纽约，而外交部出于工作需要，将本该前往联合国的马雪松留在了翻译室。在外交部的长期锻炼使马雪松成了一名外事专家，其间，他还于1993年9月—1994年5月被部里送往位于波士顿的弗莱彻法律与外交学院进修，获得国际关系和经济硕士学位。1996年，希望迎接新的挑战的他被调入外交部国际司，参与中国加入世界贸易组织的筹备工作。

当时的马雪松以为，自己将把余生都献给外交部，而当初报考联合国译员培训班时对赴联合国工作的向往也已渐渐淡去。直到1999年年末，时任外交部国际司司长的李保东征询他的意见时，“联合国”才再次出现在了马雪松的视线里。当时，中国派驻联合国的副秘书长金永健需要一名特别助理，组织决定推荐他前往竞聘。这样，从联合国译员培训班毕业十多年之后，马雪松又因缘际会地到联合国任职了。

联合国之旅

世纪之交，马雪松的人生也翻开了新的一页。走进位于纽约东河西侧的联合国大楼，他成了一名国际公务员。对于长期从事外交事业且有过一年留学经历的马雪松来说，联合国的工作环境并不陌生，只不过周遭的同事里多了许多来自世界各地的朋友，开放平和的他很快融入了这里。

联合国工作带给马雪松的最大感受并非“特殊”，而是一种“共性”。较之于国家公务员，国际公务员们所需具备的专业素质并没有太大区别，优秀的表达、写作、文件处理和团队协作等能力都是不可或缺的。为了实现共同的目标和理念，联合国的职员们虽然有着不同的文化背景，但也不会过多拘泥于各自的差异。而让马雪松感到新鲜的，是联合国的弹性工作制，职员们可以自行决定上下班时间，一天只要在岗的八个小时覆盖10—16点的“核心时间”（Core Hours）即可，对工作和生活的平衡在这里得以实现。

弹性工作制的另一面，是工作时的专注与高效。每天的工作日程仿佛被刻在一张精密的表盘上。马雪松每天起床的第一件事情是查看邮箱。联合国纽约总部与日内瓦、内罗毕，以及维也纳三个办事处有6～7个小时的时差，他必须在起床时将邮件中的紧急事务分派下去，这样才有可能在对方下班前收到回复。早晨，走进办公室，他首先会确认自己一天的日程安排，提前准备相关会议的材料，然后继续处理一夜之间堆积在邮箱里的几百封邮件。联合国上午的会议安排是10—13点，散会后，马雪松习惯立即处理相关的事务，14点一般是他的午餐时间。“在国内的话，这个点都该睡完午觉了。”匆忙用完午餐，早起时分派下去的事务有了回信，就可以做进一步的处理了。当然，随着晋升到一定级别，马雪松渐渐发现，他实际的工作时间早已超出了当时让他感到新鲜的“核心时间”。

在马雪松看来，他在联合国“文山会海”的日常工作往往看似枯燥，实则暗含敏感性，一点也不能掉以轻心。他所在的大会和会议管理部负责联合国“文山会海”的管理与调度，这项表面上看似技术性的事务，其底色却是政治的。“打一个非常简单的比方，只有20个会议室，有40个国家要开会，那该怎么安排？需要满足谁的要求？又要拒绝谁的要求？”193个会员国并非一体，联合国有时便成了角力场，在这里，任何事物都是政治性的或者是可以政治化的（Everything is political or could be politicized）。国际政治，有时就如同一场没有规则的游戏。

在联合国的第二十个年头，马雪松不禁有些感慨，这个庞大的组织时常被指责效率低下，机构改革也显得困难重重，但或许这也是一种必然。联合国不是一个独立于世外的机构，而是世界格局的“镜子”。其每一项决议和行动的背后，往往有多国利益角逐、互相牵制的影子，多边谈判和漫长的程序有时也意味着效率在一定程度上的牺牲。但是，正因为联合国具有独一无二的普遍代表性，会员国无论大小都拥有相同的投票权，所以也为无数人带来对于多边主义和公平正义的无限希望。冲破语言的障碍，穿越文化的藩篱，在语言和文化的跨越中自由表达、携手发展，是北大外语人的共同信仰。置身于联合国总部的马雪松对此深有体会。如果说上帝利用多种语言阻碍人类搭建巴别塔，那么联合国则致力于跨越各种障碍，将全人类团结在一起。它或许无法塑造天堂，但却竭力借助道义的力量，阻止地狱的出现。

1978年，小学毕业的马雪松走进了白堆子外国语学校；40多年后，已经成为父亲的马雪松在大洋彼岸看着女儿练芭蕾舞。从求学到求职，从外交部到联合国，马雪松漂洋过海，离家越来越远，一颗赤子之心却始终牵挂着祖国。当被问及人生半载有何成就之时，马雪松语气轻快：“大概就是没给中国人丢脸吧。”随即一顿，继而有些沉重地说道，“至少我所在的部门对中国人没有偏见，大家都相信中国人是能干的！”

校友金句

1. 在我看来，人生其实是充满偶然的，大环境对个人的影响与其自身的努力扮演着同样重要的角色。

2. 做一件事所获得的成就感会使你更热爱这件事，而这份热爱会让你投入更多的精力、获得更多的成就感，由此形成一个良性循环。

杨文艳：
燕园家国情，世界平等梦

人物简介

杨文艳，北京大学经济学系1978级校友，现任联合国经济和社会事务部社会发展司副司长。1982年本科毕业于北京大学经济学系，研究生获公派留学机会，在北大经济学系就读一年后，前往纽约大学继续攻读经济学，获硕士学位后连读博士。1991年进入联合国，先后在宏观经济与发展政策司及协调和拓展部门工作，主要负责宏观经济政策分析、妇女问题和社会政策分析研究等工作，为各成员国讨论社会经济与发展问题提供政策建议和支持。

接通来自大洋彼岸的电话，杨文艳畅谈自己的工作，温和的声线中透露着淡淡的满足。她在联合国就职二十余载，依旧怀揣着当初投身这份工作的热情。在回首过去与展望未来之时，她话语间流露出的家国情怀与平等信念，俯仰可拾。

杨文艳

启蒙：从燕园奔向世界

“个人的命运是和国家的命运紧密联系在一起的。”杨文艳笃信这样一句话。经历过岁月的坎坷，把握住时代的机遇，那种个人与社会的联系在她身上体现得尤为明显。

出生于“文革”动荡中的河北赞皇县农村，日后就读于北大经济学系的杨文艳差点连上高中的机会都没有。初中毕业后，因为家庭出身，她被记入“另册”，无法和其他同学一起升入高中。幸运的是，由于杨文艳成绩优秀，学校老师们联名向公社推荐，这才为她争取到了一个入学名额。

1977年高考恢复，举国上下掀起学习热潮，江南塞北、大街小巷，到处都是读书迎考的景象，无数人都想抓住高考这个改变命运的机会，杨文艳亦是彼时莘莘学子中的一员。1978年，她从全国数百万考生中脱颖而出，以优异的成绩考入北大经济学系，成为恢复高考后的第一届北大学生。那一年，她刚刚16岁。

经济学究竟是搞什么的，刚刚高中毕业的杨文艳并不明白。只是高中班主任告诉她，“你的数学好，应该去经济学系”，她与北大经济学系就这样邂逅。很快，接触经济学仅仅一年后，她就意识到这门学科之于改革开放的时代意义，进而决心全情投入其中。

忆及在燕园里孜孜不倦的日子，杨文艳感慨道：“大学是我人生中最重要的转折点。”彼时，陈岱孙、厉以宁教授等学术泰斗仍活跃在教学岗位上，他们是指引她迈入经济学大门的领路人。曾经是老师、工人、军人或插队知青的同班同学，则是她求知路上的榜样和最好的同行者。

60人的班级里仅有8名女生，有些年长同学的年龄是杨文艳的两倍，最年轻的她仿佛是这个大家庭里的小妹妹。“那是一种亦师亦友的关系，同学们丰富的人生阅历、求知若渴的状态、令人耳目一新的想法对我影响很大。”手不释卷是当时最好的校园光景，身边的同学废寝忘食地学习，想要把失去的时光夺回来，这也潜移默化地影响着杨文艳，让她更加勤奋地学习，用心地钻研。

除旧布新的年代里，曾散落在教台讲堂、工厂车间、部队军营、水田旱地的同学们聚集在未名湖畔，从人生意义论及国家未来，他们希冀借助知识的力量为国家和人民做出自己的贡献。这种为国为民、振兴中华的情怀成为那个时代拐点上北大人最真实的写照，杨文艳也不例外。她意识到，经济学，尤其是发展经济学是最能帮助国家发展的知识。在这种家国使命的召唤之下，她潜心经济学学习，考上了厉以宁教授的研究生，同时获得了公派留学的机会，在北大就读研究生一年之后她前往纽约大学（下文简称“纽大”）经济系攻读发展经济学。

在此之前，杨文艳从没有过出国留学的念头，纽约对她来说只是另一个半球的遥远城市。而当时，她却依旧义无反顾地只身踏上了征途。纽约求学生涯的第一年充满挑战，除了需要克服最基本的语言困难之外，在北大所学的马克思主义政治经济学与纽大所授的西方发展经济学大相径庭，她必须快马加鞭地补齐基础知识。作为纽大的第一个大陆公派研究生，她坦言“不想给国家丢脸”。为了弥补知识缺口，杨文艳在原有的课程基础上还自学西方经济学的本科内容，付出了双倍的努力。

生活上，纽大的同学也更注重自主独立，不比昔日中国同学之间的相互关心与照顾。她写信给旧友、老师，倾诉着自己在纽约的失意与苦恼，一封封远渡重洋的回信是她最好的慰藉。时任北大经济系主任的陈岱孙教授曾留学美国，有时也会写信指点她学习方法，并鼓励她多逛逛博物馆、看看演出，用心体会纽约这个文化之都。

纽约还是联合国总部所在地。杨文艳逐步融入这个繁华的巨型都市，并在那里与联合国结下了缘分。硕士期间，杨文艳对联合国在国际发展领域的工作十分感兴趣，也对联合国的具体工作有了初步了解。由于课程需要，她在去联合国查阅资料的时候，机缘巧合地看到了中英双语研究人员的招聘告示。当时，尽管没有任何相关工作经验，初生牛犊不怕虎的她却提交了申请，并凭借出色的双语能力和学术基础，顺利踏入联合国的大门。

杨文艳（左二）于联合国日与同事们展示中国传统服饰

平权：对不平等的本能抵抗

杨文艳作为经济事务干事，进入联合国经济和社会事务部，主要承担宏观经济政策分析的相关工作——这是她感兴趣的领域，因而对于每一份交到手中的任务，她都倾注十二分心血来完成。然而，这种踏实的工作态度虽很受主管赏识，却迟迟没有为她赢得晋升的机会。

随后，她通过与主管交流了解到，身边同事和上级都认为她完全胜任工作，并且乐在其中，所以并未考虑将新的工作交给她。她这才后知后觉地意识到这种“只拉车不看路”的工作惯性和羞于表达的中式思维不能很好地适应联合国自我争取的国际职业环境。“上级没有义务呵护你的职业发展，所以需要自己更积极主动地去争取。”认识到这一点后，她开始自发地与同事和上级沟通，交流新的工作机会和项目。功夫不负有心人，不久后她从同事那里获悉，其他部门有一个与妇女问题、性别平等议题相关的项目正招募负责人，这对一直专注经济研究的她来说是全新的领域，但却是职业成长的绝佳机会。这样的转变并不容易，但她还是毫不犹豫地递交了申请，并在层层面试中以自己真诚的故事和经历打动了项目主管，获得了这一职位。

“这是一个新的工作机会，也是我的初心。”杨文艳是家中长女，下有两个弟弟，她的家境并不富裕，直到上大学前，杨文艳都没有穿过几件新衣服。即便如此，父母却坚持让家里的三个孩子都接受教育。她的父亲曾言：“知识是一个人的财富，没有人可以剥夺你的知识。”这番话对她触动很大，在那个长女被认为理应承担家务的年代，父亲的远见使得她获得了受教育的机会，她对这份没有偏颇的父爱心怀感激。

兜兜转转从河北赞皇县到纽约曼哈顿，她对于平等的追求早已埋下伏笔。成长中的教育经历及男女平等的家庭氛围在杨文艳心中播下“对不平等本能抵制”的种子，这粒种子又在联合国长出新芽。她到社会平等领域开始深耕，希望通过联合国这个平台做些自己力所能及的事，让更多女孩能像自己一样得到受教育的机会，共享社会平等进步的果实。

在妇女平权领域耕耘的过程中，一些切身的工作经历让杨文艳认识到追求职场性别平等的重要性和挑战性。在第四届世界妇女大会（在北京召开）第十五周年纪念大会召开之际，她代表联合国与其他非政府组织协调磋商。在会议过程中，她接到保姆的紧急电话，大儿子高烧至39度，而丈夫出差在外。情急之下，她在确保手头工作运行无误之后，离开会场回家照看高烧的儿子。

上级立刻打来电话问责，她在说明情况后，还是受到了上级的批评。性格温和的杨文艳不愿意与人有直接的冲突，也没有辩解更多，仅是不卑不亢地回答说，工作上的事已经安排好，并保证不会耽误工作的进行。可在内心中，这次突发状况让她意识到，职业女性所面临的现实问题是一些书面文件上的原则规定无法解决的。尽管联合国较其他许多组织在倡导性别平等领域做了许多努力，但职业女性在联合国系统中的“玻璃天花板”依旧存在。家庭对于母亲的需要会给女性的职业发展带来无形的影响。“作为女性，在追求职业理想的路途上，有一些男性无法体验的挑战。”杨文艳下定决心，继续倡导政策转变，并持续关注政策落实，以推动现实情况的改变。

杨文艳作为纽约青年创业基金会嘉宾发表演讲

工作：学术与现实间的“搭桥人”

回顾自己在联合国的生涯，杨文艳笑称是“迂回式迈步前进”。她先是在宏观经济与发展政策司（Macroeconomic and Development Policy Analysis Division）历练，随后自己争取机会，成为协调和拓展部门（Coordination and Outreach Unit）的主管，负责提高妇女地位司（Division for the Advancement of Women，后并入联合国妇女署）的外联与沟通工作，主要是促进非政府组织参与联合国工作。而之后由于社会发展司有了新的机会，她又到社会发展司负责社会政策分析工作，致力于实现社会发展和包容性可持续发展。

在职业发展过程中，她所做的大多数工作都与学术研究紧密相连。杨文艳坦言：“就我个人而言，我更愿意做分析性、研究性的工作。”然而提高妇女地位司的外联事务却要求她与不同的非政府组织打交道，这对当时内向的她而言是不小的挑战。回望这段转型经历，她感叹研究工作与外联工作其实并不矛盾：学术研究的背景使她更能明辨他人的观点，陈述自身想法时也更有底气，更具说服力。正如她自己所言：“联络锻炼沟通和领导力，研究则让联络更坦然。”提高妇女地位司的工作是她挖掘自我潜能的契机，也是一次成长的历练。同时，通过将自己的研究背景化作与他人沟通的桥梁，她看到了学术研究的现实意义。

到社会发展司工作之后，杨文艳将“桥梁”拓展到学术研究与实际政策相交的领域。领导所属团队撰写隔年发布的《世界社会报告》是她的主要工作之一，而每一次撰写报告她和她的团队都致力于凝结学界智慧，回应各国迫在眉睫的政策议题。

这一报告好比一座沟通具象与抽象、学术与现实的“桥梁”，它的搭建过程并不简单，既需要扎实的学术基础，又需要现实把握与实操精神。报告以大量调研成果为基础，团队需要用科学的方式分析现有数据，并用专业化的语言表述出来；而在提出实际的政策建议时，还应考虑联合国的特性。联合国作为国际组织承担政策倡导职责，其政策倡导对象应是每一个成员国，因而报告中的政策应兼具普适性和可操作性。

多年来，联合国成员国在发言的过程中多次引用报告原文，每当年度报告出炉，都会被不同国家媒体大规模地报道。在杨文艳看来，这些都是对她与团队工作的无言肯定，自己也从中获得了一种无形的满足，“哪怕只引起一些国际层面的讨论，也是我们在为世界的发展做贡献”。各国媒体的报道向世界各地普及了报告精神，为“消除不平等”的议题博得了更多国际关注，不少国家都在报告的基础上针对自身的问题展开了反思，这说明他们的政策倡导起到了实实在在的作用。

杨文艳自身也在学术研究者和政策倡导者两种身份转换之间找到了工作的意义——当意识到自己推动了社会积极的转变时，她获得了一种许多其他工作难以让她体会到的荣誉感和成就感。曾有投行机构的高薪岗位摆在杨文艳面前，但她思前想后还是选择了留在联合国。“我觉得北大教育出来的年轻人都会有这种情怀，或者说我们自己总是有这种愿望，就是要超越小我，想着自己能做一点对人类有意义的事情。”

忆及在北大求学的五年，杨文艳最享受和怀念的是冬天未名湖上的滑冰课。时至今日，身在纽约的她还将滑冰作为休憩之乐。她从未名冰场的天地，迈向繁华的纽约，而后又步入多元包容的联合国，正是那份“想要为世界发展做一点微薄贡献”的信念，引领她不断地奔向更广阔的天地。

杨文艳（左）与北大师兄在纽约滑冰

杨文艳戏称自己为北大“骨灰级”学姐，尽管阔别校园多年，但当她接触年轻的学弟学妹时，仍能感受到心灵上的相通——那是北大精神一脉相承。改革开放年代的“家国情怀”传承至今，演变成了当代的“全球视野”，她也希望更多的学弟学妹能延续这份北大情怀，努力学习并通过实践将其化为改变世界的力量。

她还打趣道：“联合国是个清水衙门，所以一旦入行，就要做好不赚大钱的心理准备。”与其他高薪工作相比，联合国的工作收获的是对世界人民的贡献，是另一种富足。杨文艳还化用了当下最时兴的话语，寄予后来人：“世界那么大，别光顾着闷头赚大钱。”这是她自己的人生信条，更是对当代青年的一种期许。

1. 上级没有义务呵护你的职业发展，所以需要自己更积极主动地去争取。

2. 联络锻炼沟通和领导力，研究则让联络更坦然。

3. 我觉得北大教育出来的年轻人都会有这种情怀，或者说我们自己总是有这种愿望，就是要超越小我，想着自己能做一点对人类有意义的事情。

中流砥柱

全球治理中的北大力量

娄亚：
在变通与坚守中履行国际发展的使命与责任

人物简介

娄亚，北京大学国际关系学院1999级本科生，2003级硕士研究生。2006—2010年在荷兰王国驻华大使馆工作，负责法治项目和藏文化保护项目。2010—2012年供职于加拿大驻华大使馆发展合作处，负责中加发展合作项目。2012—2018年在联合国开发计划署驻华代表处工作，主要负责政府关系以及南南合作、三方合作项目。2018年至今在联合国驻华协调员办公室担任伙伴关系官员。

2020年2月某个下午，娄亚坐在电脑前，为即将召开的专题视频会议做准备，参与这次会议的有联合国24家驻华机构的代表。自2020年年初以来，这样的专题会议每周都要召开一次，娄亚作为联合国驻华协调员办公室伙伴关系官员，需要协助驻华协调员统筹联合国各个驻华机构的分工行动。从驻华大使馆到联合国，娄亚一直在从事热爱的国际发展合作工作。

专注所爱：国关专业与通识课堂

在北大国际关系学院读本科时，张海滨老师讲授的国际组织专题课程为娄亚打开了了解国际组织的第一扇窗户。当年，张老师对联合国等机构的理念、职能、管理机制等方面的介绍，成了娄亚对国际组织的“启蒙”课，也让她在大多数国人对于国际组织知之甚少的时候，就得以从专业角度揭开其神秘的面纱，并产生了浓厚的兴趣。因此，当身边同学纷纷开始选修双学位之际，初入燕园的娄亚在审视自身的兴趣和所长之后，还是决定聚焦于国际政治和国际组织领域。

本科期间，她不仅脚踏实地地完成老师布置的阅读任务，还通过实习、讲座等机会不断扩充自己关于这一领域的知识。硕士期间，她选择跟随唐士其老师进行比较政治研究，并翻译了《比较政治学导论：概念与过程》一书。潜心于阅读与写作的书卷岁月锻炼了娄亚的“笔杆”功底，也让她在自己感兴趣的领域充分思考、不断沉淀。

专业课以外的通识教育和跨院系课程则是学生时代的娄亚满足学术好奇心、拓展知识面的重要途径。娄亚在研究生阶段参与了北大法学院的人权硕士项目。在项目中获得的学术训练不仅进一步增进了她对国际机构与国际治理的了解，更激发了她对于广阔世界的期待和好奇，为她在走出象牙塔后投身国际发展的职业生涯埋下伏笔。

谈起如今的职业生涯，娄亚对于自己在本科和硕士阶段修习的课程记忆犹新。无论是国际关系与比较政治，还是人权与法治方面的专业知识，都对她后来参与国际发展的项目实践影响深远。在工作中，她时常回顾自己学生时期对于国际机制理论、历史与实践的学习，以指导自己做出有理有据的决策判断与项目设计。硕士期间研究他国公民文化和政治文化变迁的思路与方法，也使她善于感知不同文化背景之间的普遍性与特殊性，与来自不同文化背景的同事友好相处，并确保项目顺利落地。

追寻使命：投身国际发展合作领域

国际发展合作一直是娄亚相当感兴趣的领域。因此，她毕业后选择在荷兰王国驻华大使馆的工作，随后又进入加拿大驻华大使馆工作，致力于西藏、贵州、四川等地少数民族聚集区文化保护、教育发展、法治建设等发展项目的设计、实施和评估工作。在这段长达六年的大使馆工作经历当中，她与同事们深入偏远地区，以发展工作者的立场洞察中国社会。

任职于加拿大驻华大使馆期间，娄亚前往拉萨开展项目工作

其间，让娄亚印象最深刻的一段往事是在青海果洛藏族自治州当地的喇嘛庙为女童修建寄宿学校。在青海，男童可以在喇嘛庙接受教育和引导，而女童则没有这样的机会。于是，荷兰王国驻华大使馆与当地政府、教育界人士、其他国际机构合作，建设了第一所女童学校。由于当地的交通运输条件比较落后，各方分工采购好施工材料和教学用品之后，要用人力把它们全都背到海拔五六千米的山上。当时的场景，她至今难以忘记。这几间简单的教室和宿舍，就是当地女童接受教育的开端。

此外，由于现实条件的限制，当地还形成了不重视、不支持女童上学的文化传统。娄亚和同事们在实施项目的过程中，联系到从果洛藏族自治州走出来的教授和学者，同他们一起走访社区和村里的家庭，说服家长同意女童上学。

在加拿大驻华大使馆工作期间从事对华发展援助的经历，让娄亚对少数民族的文化保护与现代化有了更深入的思考。在和少数民族群体的沟通当中，她发现，当地青少年对国际发展项目致力于保护的本族母语并没有多少学习热情，甚至认为它“很土”“过时”“学了没有多大作用”，反而更想学普通话和英语，以切实改善生活水平和经济条件。面对现代化与文化传承之间的激烈碰撞，娄亚意识到，两者需要保持平衡，既不能偏废对民族文化遗产的保护，同时也要兼顾当地人开阔视野、和外界建立深度接触的追求，帮助他们走出闭塞的环境，与时俱进。

早期的所见所闻使娄亚对国际发展更加关注。在大使馆项目告一段落后，她选择进入联合国开发计划署驻华代表处工作，继续从事国际发展事业。

加入联合国：时代变革中的贡献与责任

2012年，娄亚以伙伴项目官员的身份加入联合国开发计划署，主要负责协调政府关系。作为中国籍职员，娄亚希望利用自己对于中国政府和社会的了解，成为建设并不断夯实中国与联合国之间的沟通桥梁，了解和协调中国政府与联合国双方的需求与优势，实现互利共赢。

任职于联合国开发计划署期间，娄亚前往伊朗考察当地的太阳能大棚项目

相比于开展双边援助项目的驻华大使馆，联合国是更为多元、多边的机构，也更习惯于用发展的视角看待国际事务。在娄亚看来，联合国系统将发展项目交由所在国机构执行的做法十分值得赞赏，有助于锻炼发展中国家合作伙伴的执行能力，帮助他们调整工作思路，以动态的、国际化的视角看待本地区的发展。“伙伴项目官员”的角色正是为了促成联合国项目在中国获得支持、顺利落地，同时帮助国内执行机构从联合国的实践中汲取经验。

在加入联合国六年后，娄亚申请成为了联合国驻华协调员办公室的伙伴关系官员，负责加强联合国作为一个整体同政府部门与私人部门的对话与合作。

任职于联合国驻华协调员办公室期间，娄亚在联合国成立 75 周年庆典上

变通与坚守：成为更好的自己

经过多年的历练，娄亚愈加觉得当年在荷兰王国驻华大使馆的第一份工作弥足珍贵。荷兰王国驻华大使馆拥有一套成体系的工作框架，每个项目都有规范的流程，这迅速地锻炼了她的工作能力。同时，由于荷兰是一个开放多元的国家，大使馆的整体工作环境也是公开透明的，在这一氛围下，娄亚学会了如何有理有据有节地表达自己的意见，以更加高效地达成职场沟通。

刚从大使馆转入联合国系统工作时，娄亚感受到了两者之间相当大的区别：相对于大使馆的细致分工，联合国的工作更加复杂，也要求个人拥有更强的主观能动性。原本已经习惯了在双边机构工作的她，为了适应联合国多边协商合作的工作环境，在转变理念、熟悉流程方面花了不少工夫。此外，区别于大使馆机构中的各司其职，联合国的工作往往更加灵活机动。有一次，作为伙伴关系官员的她被领导临时委任了一次翻译的工作，非专业出身的她一度陷入窘境，但通过和领导的沟通，她主动地参加了学习和培训，迅速地弥补了这一能力上的不足，并逐渐适应了联合国系统身兼数职的工作特点。

联合国官员的身份看似光鲜亮丽，但娄亚坦言，自己的工作中没有那么多的高光时刻。面对这些略显枯燥的工作，只有那些怀揣着对国际发展事业的热忱和认同并愿意为之不断积累、终身学习的人才能够坚持下来。于娄亚而言，能够见证、感受人类社会不断发展的种种变化，并参与到这个过程当中，是一种莫大的荣幸。

对娄亚来说，自己当初求职择业时并没有条件像现在的年轻人这样进行精心的职业路径设计。娄亚认为，相比之下，现在的大学生面临着更多的选择和机会，更换工作的频率也在加快。但沉下心来、扎实干好手头的工作，才能真正了解这份工作是否适合自己。同时，新一代的年轻人面临愈加激烈的就业竞争，常常有实习生向她倾诉求职的焦虑。娄亚总是劝告他们，不用过于焦虑，做好积累和沉淀，就一定会等到机会的到来。

这些年，出于工作需要，在外出差成了娄亚的常态，为联合国工作也终于实现了她学生时期“读万卷书，行万里路”的愿望。年轻时的她在不同的国际机构辗转闯荡，邂逅了许多有趣的人，经历了许多有趣的事，对国际发展也有了独到深入的认识。她坦言，之所以加入联合国，正是因为看到了个人在联合国工作所能发挥的影响力：“在时代的巨变中，我能够敏锐地感受到这些变化，并在其中做出一点微小的贡献，这是一种莫大的幸运。”

1. 现在的大学生面临着更多的选择和机会，更换工作的频率也在加快。但沉下心来、扎实干好手头的工作，才能真正了解这份工作是否适合自己。不用过于焦虑，做好积累和沉淀，就一定会等到机会的到来。

2. 在时代的巨变中，我能够敏锐地感受到这些变化，并在其中做出一点微小的贡献，这是一种莫大的幸运。

肖媛：
两进世界银行的北大人

人物简介

肖媛，北京大学国际关系学院2000级校友。2004年获得北京大学国际政治、经济学双学士学位，之后又取得了多伦多大学国际关系硕士学位，以及麻省理工学院的城市与区域规划博士学位。曾执教于纽约哥伦比亚大学，任城市规划助理教授，后又供职于世界银行，担任高级城市发展专家，领导或参与了中国、约旦、沙特阿拉伯等国家城市发展领域的投资和分析项目。现就职于亚洲基础设施投资银行，负责领导亚洲基础设施投资银行可持续城市战略的实施。

2019年圣诞节前夕，肖媛受邀回到母校参加“世界银行实务案例工作坊”。此时距离她本科毕业离开校园，已经过去了十五年的时间。这些年，她辗转加拿大、美国、中东，如今回到国内定居。周围环境一直在变，不变的是年少时的赤子之心。

肖媛

燕园孕育的全球视野

2003年9月，美国前总统吉米·卡特到访北京大学，在场的所有媒体记者，只有中央电视台的水均益有采访的机会。卡特在当时的中国经济研究中心的万众楼发表演讲后，到央视指定的采访地点有一段必经之路，北京大学电视台学生记者肖媛就在路边等着。当卡特在校领导的陪同下走过时，她大喊了一声，"（前）总统先生，我是北大电视台的学生记者……"当卡特听到是"学生记者"时，停了下来，笑呵呵地接受了采访。采访很成功，这位大三的姑娘也成了当日唯一一位采访卡特的学生记者。

肖媛对国际事务有着浓厚兴趣。在国际关系学院学习期间，她加入了北大电视台，负责国际新闻板块。凭借流利的英语、灵活的应变和胆大心细的性格，这位初出茅庐的本科生斩获了不少采访外国政要的机会，除卡特之外，还有来自巴基斯坦、爱尔兰、葡萄牙、罗马尼亚、意大利、丹麦等国的政要。频繁的国际交流机会不仅让她更加了解世界，也赋予了她流畅表达的能力和探索未知的勇气。

大三时，肖媛以交换生的身份来到丹麦，这是她第一次长时间在异国生活学习。初到时，老师把几个中国学生叫到一起，给她们提了一个小小的要求：多和外国同学一起玩。"我理解你们去跟外国同学玩，会觉得有点隔阂、不适应。但是如果你们三四个人抱起团来，让外国同学加入你们，那就更不可能了。"于是，肖媛与一起交换的小伙伴约定，之后如果有外出过夜的集体活动，就尽量不住在同一个房间。很多年以后，在世界银行工作的肖媛依旧保持着这个习惯，努力和他国职员多交流、常相处，"我私下里和中国的朋友们在一起，玩得非常好，但作为一个国际公务员，公共社交圈不应该设限。”

丹麦的交换之旅还有一些有趣的小插曲。因为她名字中“Yuan”对外国人来说太难发音了，因此肖媛请寄宿家庭帮忙起个英文名。没想到，对方觉得非常惊讶：“别人发不出音，明明是他们的问题，为什么你要给自己起个新名字来解决问题呢？”肖媛很受启发，以后如果有人叫不准，她就一遍遍教他们发音。“我觉得文化自信就是从这种小事上一次一次锻炼来的。”

丹麦的交换生活为肖媛打开了新世界的大门，也改变了她认知和思考国际交流的方式。怀揣着对国际事务的极大热情，本科毕业后的她，选择赴加拿大的多伦多大学继续攻读国际关系专业硕士学位。

勇敢的心朝向世界

2005年，即将从多伦多大学硕士毕业的肖媛，买了一张飞往华盛顿的机票，踏上了毕业求职之旅。这是她第一次来到美国，而她的目标，是在一周内找到一份世界银行的工作。当时，在世界银行任职的中国人非常少，加起来不过百余人，且大多数是资深的专家、学者，二十多岁刚毕业的年轻人几乎没有。

这次看似冲动、任务艰巨的华盛顿之行，源自她在多伦多偶然参加的一场学术会议。会上，通过与一位世界银行官员的交流，她萌生了毕业后去世界银行工作的念头。回去以后，肖媛把世界银行网站上关于中国的项目全都看了一遍，并给这些项目的负责人一一写信，请求他们给自己一个工作的机会。“我直接跟他们说，我硕士刚毕业，学国际关系专业的，没有工作经历，但我什么工作都愿意干。”最终，有五位项目经理答应与她见面。

第一次来到华盛顿的肖媛没有心思游历美丽的美利坚之都，便投入了平生第一次世界银行求职的征途。但是，面试的项目组都有明确的关注领域，如农业、教育等，而肖媛并没有与之匹配的专业背景。接连四位项目经理都对她的勇气和诚恳表示赞赏，但最终还是拒绝了这位初出茅庐的年轻人。

此时，初来时的满腔热忱已被浇灭大半，但最后一位面试官却意外地给肖媛伸出了橄榄枝。这位项目经理手头有关于中国城市规划的项目，大量中文材料急需处理。就这样，肖媛获得了在世界银行短期工作的机会。

初入世界银行从干中学

2005年，硕士刚毕业的肖媛迈进了世界银行的大门，成为一名短期合同员工。她每天的主要工作就是帮老板订机票、报销、去图书馆打印资料……日复一日的简单得“高中生都能完成”的工作，不免让她感到失落，她感叹道：“学校所学的知识一点没用上。”即便如此，肖媛也丝毫不敢马虎。她说：“初入职场，又非专业出身，我能做好的就是好好学习，吃苦耐劳，不管什么工作，都准时高质量完成，不懂的就勤学肯问。这是北大学生的特点。有什么东西不会，学就是了。”

出色的表现使领导开始给肖媛安排稍微复杂的小型研究任务，比如查找外国人在中国购买房产的政策文件等。她说：“我先在英文网站上查，查不到就去中文网站上查。”一次，肖媛临时接到任务，负责接待一个到访的中国代表团，并担任一周的翻译。这期间，会议主题包罗万象，从知识经济到环境保护，全都是她的知识盲区。肖媛从最基础的中文概念学起，再去找相应的英文术语，用一周的加班加点最终圆满完成了这个看似“不可能”的任务。

如今，肖媛回想起这段“临时工”经历，不禁感慨道：“当初多亏没有一直纠结于初入职场的小情绪。”从翻译材料、完成会议纪要，再到处理人际关系，她处处留心，把简单的工作做到极致。这些看似细枝末节的“小事”，恰恰为她今后的职业生涯打下了很好的基础。

在世界银行的三年一晃而过，肖媛也从一名“临时工”变成了“熟练工”，她愈加确定，自己对所在的城市规划项目组有浓厚的兴趣。然而，专业的限制却让她难以在这一领域进一步发展。因此，2008年，肖媛决定辞掉工作，赴麻省理工学院攻读城市规划专业的博士学位。

重返校园提升专业

“我当时完全没有想到读博那么难，只是知道自己需要具备专业知识，才能突破职业发展的瓶颈。”回首这段深造经历，艰辛历历在目，但收获同样是巨大的。攻读博士学位的过程教会她思考和研究问题的方式，论文写作过程极大地提高了她的数据收集能力、分析能力和思辨创新能力。她说：“我知道不管什么题目，给我两三年，我总会把它搞明白的。”最终，肖媛的博士论文获得了全美国际规划论文大奖（Gill-Chin Lim Award for the Best Dissertation on International Planning），这是该领域毕业论文的最高荣誉之一。

肖媛的麻省理工学院博士毕业照

毕业后，肖媛来到哥伦比亚大学做博士后，才一年时间，她就被聘为助理教授。当所有人都认为肖媛将在学术上取得更加突出的成就时，她却做了一个让人意外的决定：再次加入世界银行，成为一名城市发展专家。她说："这还是和我的性格有关。留在学术界固然很好，但是这同时也意味着在相对狭窄的专业领域中从事偏理论的研究，而我更喜欢从事实际事务，解决具体问题，在实践中不断地学习新的东西。"

再入世界银行重新出发

以城市发展专家的身份重回世界银行，一切显得熟悉又陌生。肖媛开始负责约旦和沙特阿拉伯的业务。上学时，她或多或少读过关于中东的政治、历史、地理方面的书籍，但亲身参与这一地区的具体事务依旧给她带来极大的震撼。中东北非地区文化和宗教信仰十分复杂，政治局势盘根错节，开展工作时除需保持谨慎和敏感性外，还要能够灵活巧妙地处理各类特殊情况。而部分国家对于女性（甚至是外国女性）的严苛要求更增加了她工作的难度。肖媛到沙特阿拉伯出差时，经常到政府大楼与官员进行业务洽谈，但由于楼内没有女性职员，上卫生间都成为了大难题，因此，肖媛每次出发前，连水都不敢多喝一口。类似这样的窘境，她还碰到过很多次。

肖媛（左三）在世界银行中东北非地区城市与社会发展组

尽管如此，作为国际公务员，肖媛依旧努力履行自己的职责，让世界银行的援助项目和资金落到实处。在她看来，自己和同事们的坚持，不仅是为了给当地的基础设施建设乃至政策思路带来切实的改变，更是为了一种更为深远、更为宏大的使命。拿肖媛的沙特阿拉伯之行来说，虽然曾遭遇诸多不便，当地接待方也因女性参与工作而有一定压力，但这恰恰代表了世界银行无声的宣言，她说："至少在我们的组织里，男女是完全平等的。"

日常工作中，肖媛难免遇到不熟悉的领域，而在工作中不断学习，让她觉得分外充实。有时候，她会"主动请缨"，申请加入自己不熟悉的项目组工作。她说："我愿意出这份'苦力'，因为这通常是最快速、最有效、也最实用的学习方式。"一切从零开始，以最快的速度学习相关的知识，了解权威专家，倒逼自己学习。永远保持好奇心，不仅是职业热情的体现，也是拓展职业空间、提升职业素养的关键所在。

这次回归，让肖媛对国际组织的工作方式有了更加深入的了解。比起私人部门，世界银行等国际组织的工作节奏相对缓慢，这对于二十多岁的肖媛来说，或许有些难以适应；但是重回世界银行，一切变得顺理成章，弹性的工作时间和人性化的工作机制给了已经成家的肖媛兼顾家庭的可能。更深层次的原因则是，国际组织的工作往往需要非常复杂的流程，牵涉的领域和利益相关方极广，员工也来自世界各地，大家的文化习惯各不相同，这都决定了国际组织的工作不可能"短平快"。她说："现在回想起来，二十多岁的时候在世界银行更像是实习。三十岁的时候，能力和经历才都有了一定的积累，更符合国际组织的能力要求，这才是我职业的真正起点。"

使命在召唤

肖媛说："如果说有什么想送给学弟学妹的话，那就是当大家考虑自己干什么工作的时候，应该从四个词着手：第一个词是work，第二个词是job，第三个词是career，第四个词是calling。Work是我们每天直接面对的任务，job是一份工作，career是职业的生涯和成长空间，calling是你的使命和召唤。”

在校园和世界银行之间，肖媛兜兜转转，经历了几次三番身份的转变，但她始终清楚自己想要的是什么——永远好奇、不断求知、亲身实践。北大国关人常常思索“无穷的远方和无数的人们”，肖媛也不例外。她渴望跋山涉水体验这个世界的种种际遇，并利用自己的所学所长去帮助更多的人。一线工作给了她这样的机会。她说：“要做出有重大影响的学术研究可能很难，但是我在世界银行的工作每天都在接触现实的问题、解决现实的问题，这让我觉得价值非凡。这是我的使命所在。”

国际组织是一个非常多元化的平台，员工有着各异的文化背景甚至迥然不同的人生经历，在其中工作，“仿佛置身地球村”。但是此时此地，大家抛开偏见和冲突，不分种族，没有国界，为了共同的目标而努力，因为共同的价值而连接，这种命运共同体的使命感和荣誉感，正是最吸引肖媛的地方。

使命感的另一方面，是和祖国在国际组织共同成长。2020年是中国恢复在世界银行的合法席位的四十周年。四十年来，中国从受助对象，到能帮助更多的国家，中国在世界银行发挥着越来越积极的作用，世界银行也见证了中国的成长。肖媛作为局中人，也亲历了这一过程。在肖媛看来，中国的叙事方式、思维方式，在某种程度上和西方国家有很大不同，而世界银行等国际组织作为中立的第三方，就是讲好中国故事、传递中国声音的良好平台。2019年6月，世界银行发布了《“一带一路”经济学：交通走廊的机遇与风险》报告，基于中国的倡议，对政策所带来的减贫、参与国经济、国际贸易的效益，进行了量化研究，就是一个很好的实证。肖媛认为，自己作为世界银行的中国籍职员，在某种程度上代表了中国的形象，也应该发挥连接中国与世界的作用，在自己的岗位上，用实际行动促进全球协作。

肖媛曾在朋友圈推荐过塔拉·韦斯特弗所著的《你当像鸟飞往你的山》。书中主要讲述了作者从一个未受过基础教育的孩子，成长为剑桥大学博士，并在这个过程中不断挣扎和蜕变的故事。透过这本书，她仿佛看到了自己的人生轨迹。求学北大、留学多大、奔赴麻省理工深造、执教哥大、两进世界银行，肖媛拥有丰富的求学和工作经历，而每一段经历都是成长。教育、工作和多元的文化体验让她深刻认识到，理解同一个问题有不同的视角和方式，这个世界还有太多的未知和“不确定”。曾经的她梦想满世界看看，为了这个梦想，她不断跳出自己的舒适圈，却发现圈外的世界越来越大，但好奇、求知的心跳从未停止。

如今，肖媛回国已经近六年。2023年夏天，她从世界银行调至亚洲基础设施投资银行，担任城市领域高级战略官员。亲身参与祖国的城市发展建设给她的人生带来了新的体验。她说：“现在的状态我是满意的，如果说对未来还有什么规划的话，我想到各个大洲都看看，像非洲、拉丁美洲、中亚，如果有机会我都想去，年龄不是问题。”

校友金句

1. 当大家考虑自己干什么工作的时候，应该从四个词着手：第一个词是work，第二个词是job，第三个词是career，第四个词是calling。Work是我们每天直接面对的任务，job是一份工作，career是职业的生涯和成长空间，calling是你的使命和召唤。

2. 要做出有重大影响的学术研究可能很难，但是我在世界银行的工作每天都在接触现实的问题、解决现实的问题，这让我觉得价值非凡。这是我的使命所在。

张倩烨：

幸运的翅膀有方向，循着自由和奋进的远方

人物简介

张倩烨，北京大学国际关系学院2005级校友。2009年毕业于北京大学国际关系学院，2009—2014年在国内从事新闻工作，2014—2016年在马来西亚从事政治咨询、东南亚研究，2016—2018年攻读哈佛大学肯尼迪政府学院国际发展公共硕士学位。曾担任非洲开发银行顾问、联合国亚洲及太平洋经济社会理事会实习生，后为世界银行总部顾问。

工作之余的张倩烨

“我想换个环境。”

一个简单的理由，让时间分了岔口，通往不同方向。一场三洲五地的冒险，她像爷爷给起的名字一样，倩烨——要活得精彩，活得明亮。

健身房的背景音时而传来，接受远程访谈时，倩烨正在骑单车。西五区的17点将工作和生活划出一条鲜明的分界线。此刻，是属于个人的闲适时间。

从前，倩烨幻想过自己的生活。白天做些与数字相关的工作，回家后是独立的文字空间。现在，她实现了。在世界银行总部，她是项目组的顾问，每周二和周三上午的一天半时间处理东欧和中亚国家的金融数据，其余的工作日时间，用来协调中国在非投资项目和做案例分析。在休息的空闲里，就着西半球的落日，她享受着文字带来的获得感。每月三篇发往新闻媒体的专栏文章，键盘上叮当作响的声音，那是一种自由表达的幸福和满足。

出　　走

来到世界银行以前，倩烨曾认真地想成为一名好记者，做最极致的华语新闻。在那个二十岁出头的年纪里，即将从北大毕业的她，从没有想过未来会经历华盛顿的四季冷暖。彼时的她，刚刚经历跨专业考研的失败，春招的机会也不算多。于是，她决定索性换个环境：从北京到云南，从学国际关系到做新闻记者。因为一个强烈的“想到处看看”的想法，她选择了媒体行业，这一走就是五年。

云南的风景固然好，但外面还有更大的世界等待倩烨去探索。当时看来，到香港上学继而留港是一个经济实用的选择。于是她赴港完成了港大新闻学硕士的学习，之后顺利进入《亚洲周刊》工作。带着初出茅庐的勇气，她下定决心要做出最好的新闻。

她的确努力过。2012年，她的作品获得亚洲出版业协会“卓越突发性新闻奖”，这对新人而言是极大的鼓励。但是，后来香港发生的事情改变了一切，她再一次选择出走。

驰　行

对倩烨而言，选择出走不需要壮士断腕的勇气，但是不确定的未来、再就业的苦恼与年龄增大的压力累积在心头，足以令人焦虑徘徊。所幸在重要的选择关头，总有善良的同行者们在黑夜驰行中，架起萤萤之光，坚定彼此脚下的路。

2017年秋，在波士顿求学的倩烨见到了多年未见的老同学。欢聚之后，她想起自己三年前在香港时做出那个出走的决定，正是因为同学的一句“路越走越宽”坚定了她继续追求更大自由的决心。

离开香港的下一站在哪，重新择业的倩烨在当时并不知道，但曾经的一段美利坚之旅让她相信，未来的自己一定会再遇美国。在英雄的传记里，总有一段改变人生轨迹的故事；普通人没有传记，却不乏人生的转折。2012年，在获奖之外，她有幸得到前辈同事的推荐，参加了美国国务院组织的国际访问者领导项目，21天走访了五个州。在那期间，她看到在政府和个人界线外的社会空间，有收容孤儿的非政府组织，有救助流浪汉的慈善机构，还有教会和其他社会团体，这些都在为了共同的自由空间为社会提供着温和的支持。

触动往往一瞬间能激发特别的想象，又在随后几年中凝聚起坚持的力量。想再去美国看看，这是一个简单却执着的心愿。在离开媒体的转行过程中，倩烨尝试过在非政府环保组织做资深传播官的过渡，又辗转至马来西亚做政策咨询和东南亚研究。一切都是为了那次一见倾心的心动，她做足了准备和功课。

四年后，倩烨拿着赴美签证，再次踏上了北美的土地。她来到梦想中的学校——哈佛大学，攻读国际发展公共管理硕士。这一次，她开始思考进入国际组织工作的可能性。“我们有时会感到自己肉体和生命的有限，但是仍然希望活得超出生命一些。”倩烨认为，每个人追求的不朽有所不同。一些人寄希望于后代，另一些人沉浸在学术研究中，而她幻想着在国际机构里留下自己的痕迹。

她自嘲这种想法或许很幼稚，“地球毁灭的时候我们都会灰飞烟灭，但是这并不妨碍我们想象。”

回　首

华盛顿的冬雪和故乡齐齐哈尔的有所不同。在倩烨的印象中，在故乡，伴随大雪的，还有零下三十多度真正的严冬。

来到哈佛大学学习的第一年，倩烨阅读了万斯的作品《乡下人的悲歌》。故事里主人公的原生家庭条件、生活环境及其对孩子的影响，和之后他走出原生家庭的限制，在社会和军队中遇到良师益友，在他们的帮助下不断完善人格的过程，令倩烨产生了深深的共鸣。

小时候，倩烨在国有企业的厂院环境下长大，她经历过捡黄豆交学费、背柴火点炉子的童年生活。进入城里后，家里开了一间街边电话亭，在无事的夏日，倩烨时常跑去帮忙。回忆起童年的这段经历，她的声音里仿佛夹着当年的嘈杂，她说：“那时候，打一次电话是5毛钱，中华烟35元一包，黄山牌的烟有12块和16块两种。”

倩烨说，小时候的她不懂得父母下岗后从镇上搬到城里要承担的生活压力，直到上大学前自己都很少有零用钱。“买学习用的书，也常常是爸爸偷偷给我塞点钱。”来到北大后，因为亲朋好友中鲜有人有过大学经历，倩烨坦言：“在很长一段时间里，我都是跌跌撞撞地独自探索大学的学习生活的。”

张倩烨（左二）与父母的合影

曾经的挣扎为正在学习发展经济学的她提供了生动的联想和鲜活的案例。倩烨逐渐意识到，与身边那些名校毕业生的家庭背景相比，自己和书中的主人公仿佛格外幸运地得到了“命运的眷顾”。对于生命中所有的善意和帮助，她都格外知恩感恩。

小时候，爷爷带着自己识地图、看新闻的经历，让倩烨看到了一个朴素却很广大的世界，潜意识中埋下了去外面看看的心愿。长大后，来到更大世界的她，愈发感慨自己“在不太成熟的年纪里遇到过太多好人”。有在人生不确定时相互勉励的朋友，有在初入职场时指引自己成长的上司，有在寻求机会时提供帮助的同事，甚至还有许多未曾谋面的陌生人在家庭遭遇挫折时给予过温暖的支持。

倩烨说，自己是个特别有长辈缘的人，所遇到的皆作幸运。但是，幸运的翅膀有方向，要循着自由和奋进，以及更加自由和奋进的远方。

转　变

在哈佛大学第一学年结束后的暑假，倩烨通过学校的合作项目进入联合国亚洲及太平洋经济社会理事会实习。驰骋职场数年后，重新回到东南亚，被原地打回实习生令她感到魔幻又新奇。在联合国的多元环境下，泰国的当地特色在日常工作中并不明显。与来自巴基斯坦、墨西哥的实习生共事，倩烨觉得，联合国机构的大门隔出了内外两个世界。

在国际机构的实习坚定了她未来的方向。她希望毕业后能顺利进入与专业最对口的政府间国际金融组织。于是，当一年后她从校友处得知非洲开发银行的招聘信息时，便毫不犹豫地抓住了机会。

与联合国实习和目前在世界银行工作的感觉不同，非洲开发银行短暂的经历让她感受到极富当地特色的文化冲击。在非洲，有年轻人在场的情况下，年长者被上司斥责是一件极为尴尬的事。倩烨的师兄就曾无意中使他人陷入类似的境地，导致那位年长的同事在很长一段时间内都避免与这位师兄交流。这类文化禁忌让倩烨看到一种特殊的沟通方式，她新奇而小心地融入着当地。

作为非洲银行总部唯一一名中国籍女性，她感觉自己仿佛一只行走的熊猫。这为她带来更多新鲜的体验。以前，倩烨属于典型的回避型人格，内向羞涩，不善沟通，担心被拒绝。然而，在热情的非洲，她经常被鼓励去和来自非洲不同国家的同事聊天，一杯咖啡就装下了一个不一样的世界。更重要的是，在这样的沟通中，被排斥、被拒绝的担忧逐渐消失。

这段经历的确给了她很好的鼓励，也为将来那份求职世界银行的简历增添了重要的履历。彼时，世界银行的发展经济学研究部正在为中国在非投资项目寻找相关的专业人士，经朋友牵线，刚从非洲归来的倩烨恰好满足所有要求，于是她顺利地拿到了这一工作机会。

但是，每一份工作的开始都是一段新的磨合期。倩烨刚接触金融组的数据分析时，当时任务时限很紧，在捡起许久未用的数据软件时，她需要边处理边回忆，这期间遇到很多难题。从前的倩烨或许不擅主动沟通、寻求帮助，但是在无数次被鼓励的经历后，这种性格因素的影响在逐渐淡化。于是，她一边借助同事的帮助，解决那些早已生疏的操作问题，一边主动与上司沟通，解释自己的实际困难，最终成功争取到更多时间，并避免了很多可能要独自试错的弯路。

张倩烨在世界银行工作时的照片

世界银行的第一课，她称之为沟通的艺术。

传　递

幸运难以传递，但经验可以。从中国东北小城市的报刊亭，到美国华盛顿的世界银行总部，除了那些外人看不到的挣扎与奋力，倩烨觉得，专业背景、工作经验和人际网络是进入国际组织工作和职级晋升的主要助力。

她认为，相比于一毕业就进入国际组织，在其他行业先积累经验是更好的选择。国际组织的工作节奏相对较慢，朝九晚五，极少加班。她想，年轻人或许更希望体验快节奏的生活，认识更多的人，见识更多的风景，因此，可以在对这个世界了解更全面后，再带着行业经验加入到国际组织事业中。

倩烨认为，硕士以上学历、英语语言能力的积累，会使得在国际组织的工作更加得心应手。多掌握一门外语会对特殊地区的求职更有帮助。例如，欧洲的相关机构可能更偏好熟练的法语掌握者。

回顾自己在国际组织实习和工作的三段经历，倩烨尤其强调思路广阔的重要性。或许一些极力想进入国际组织总部的人能够得到幸运之神的眷顾，但是在非洲、亚洲和拉丁美洲也有许多优质的机会。在国际组织的部分国家、区域办公室，中国籍职员的比例可能相当低。出于提高中国籍职员的代表性的需要，中国青年申请这些职位往往有很大的优势。而在这些国家、区域办公室，往往能得到更多接触一线和锻炼的机会。这种独一无二、丰富多彩的国别经历，可能比总部的光环更有价值。

提到未来，倩烨保留两种发展的可能性：一是世界银行的晋升，二是回到离父母更近的地方。当初选择世界银行，除了一种超越自身存在的追求外，她还受到那里倡导家业并重观念的吸引。去年，倩烨的父母相继生病，她得到了来自上司、同事和其他朋友的许多支持和帮助，能够及时回国照看家人，同时远程工作，平安度过了一段艰难的时光。

曾经，倩烨常觉得自己没有别人的起点好。可现在回想起来，“正是平凡的父母用他们很有限的能力给了自己一片伟大的天空。”这是一种从大洋彼岸沉淀多年的感谢，感谢父母在力所能及的范围内给了她最好的资源。她笑道：“如果是我在他们那样的年纪和境遇，我可能连自己的生活都照顾不好，更没有信心把一个孩子养大。”

在未来的两个选择中，她更多考虑着对家人的责任。那些没能回家过年的时候，心里走的永远是东八区的时针。有时，夜半梦醒，一种曾经不懂的乡愁缓缓爬上心头。过去，她曾追求自由，追求永恒，追求突破。但千帆过后，她经历过的所有选择、挣扎和机遇，都变成了善意与爱的馈赠。她时常感慨自己会有这样的幸运，在广博的空间，放手成长。

的确，曾经，在所有幸运的交叉口，她都自由且认真地活过。而这一次，她要接过那个甜蜜的“家”锁。

校友金句

1. 幸运的翅膀有方向，要循着自由和奋进，以及更加自由和奋进的远方。

2. 专业背景、工作经验和人际网络是进入国际组织工作和职级晋升的主要助力。

3. 相比于一毕业就进入国际组织，在其他行业先积累经验是更好的选择。

孙超：
厚积薄发，拾级而上

人物简介

孙超，北京大学法学院2005级本科生，经济学双学位，中国注册会计师，国际注册内部审计师。2009年入职普华永道北京办公室，历任审计师、高级审计师。2014—2017年任普华永道伦敦办公室审计经理，这期间在职攻读伦敦政治经济学院金融学硕士，并于2017年8月回国在普华永道北京办公室任审计高级经理。2018年11月转任金砖国家新开发银行内部审计专家，2021年晋升为内部审计高级专家。

榜样与灯塔

2005年，孙超以文艺特长生的身份踏入北京大学法学院。本科期间，他在北京大学交响乐团做中提琴的声部长直到2009年毕业。因对经济学的浓厚兴趣，他还修习了北京大学中国经济研究中心[①]的经济学双学位。

2008年，一则新闻轰动一时：北京大学教授林毅夫被任命为世界银行的首席经济学家和高级副行长，成为首位在世界银行担任该职位的中国人，也是世界银行62年来首位来自非欧美国家的首席经济学家。

① 现北京大学国家发展研究院。

这则新闻令曾经选修过林毅夫教授课程的孙超振奋不已，令他对老师的敬佩之情又增添几分。当年，孙超报名了北京大学中国经济研究中心双学位毕业典礼的志愿者。站在台下，孙超静静聆听着“偶像”的致辞。“今天是全体2008届双学位学生的毕业典礼，更是我的毕业典礼。”在北京大学中国经济研究中心工作14年的林毅夫教授，下午便将启程离开北京，到世界银行赴任。

孙超与林毅夫教授的合影（左孙超、右林毅夫）

“只要中华民族没有复兴，我们的责任就还未完成；只要天下还有贫穷的人，就相当于我们自己仍处在贫穷当中；只要天下还有苦难的人，就相当于我们自己还置身于苦难之中。”字字平静却掷地有声。这段话如灯塔般照亮了孙超的目标和未来的方向。他默默下定决心，以后有机会也要去国际组织，尤其是去多边开发金融机构工作，用自己的专业能力与贫穷作斗争，成为像老师那般的人。

厚积待薄发

点开孙超的微信头像，可以看到一位身着深色西服的男子手持小提琴，深深地注视着面前的曲谱架。这是孙超若干年前在普华永道年会上登台表演的场景。

2009年本科毕业后，不同于大多数法学院毕业生所走的进入律所或公检法系统的职业发展路径，孙超选择了另一条路——加入四大会计师事务所之一的普华永道，成为一名会计师，从零开始系统地学习财务知识和审计方法论。孙超的第一次职业选择与本科期间的课程学习经历有很大关系。当时，法学院刘燕老师的“会计法”课程，以及他修习经济学双学位时的“会计学”课程，都给孙超留下很深刻的印象。通过这些课程，孙超产生了对财务报表、上市公司审计及信息披露领域的兴趣，这些财务数字背后蕴含的公司奥秘让他深深着迷。他说：“比起从事法律相关职业，会计师对上市公司历史性财务信息进行鉴证的业务更加适合我。”

在普华永道，孙超的主要工作是按照审计准则和相关法律法规对客户的财务报告执行审计工作，以对客户准备的历史性财务信息发表鉴证意见。在这个过程中，他系统地学习了会计准则、审计准则、财务报告、公司治理、内部控制等领域的相关专业知识。然而，这仅仅是开始。

从北京赴伦敦轮岗，孙超接到的第一个项目就很棘手：审计培生集团。培生集团是英国最大的教育出版、培训和评估公司，业务范围广，且刚刚完成对中国的华尔街英语和环球雅思项目的并购。如何在短时间内了解与中国教育体系截然不同的英国教育体系，并快速搭建这个陌生教育体系中商业公司、教育机构的财务报告流程和内部控制之间的关系，孙超感到无从下手。为此，远在伦敦的孙超向普华永道中国在北京和上海办公室的组成部分的审计师详细了解有关业务，梳理并购业务的信息，并与伦敦办公室集团审计师团队的同事对接培生公司的合并财务报告审计业务信息。

在伦敦，普华永道的员工背景十分多元，既有来自英国、新加坡、中国香港等发达国家和地区的人，也有和孙超一样来自中国内地、南非、印度、巴基斯坦等发展中国家的人。在这里，孙超领略了多元文化交流的和谐氛围，更提高了在尊重他人文化的基础上进行有效交流的能力。

尽管身在会计师事务所，孙超的心却从没离开过国际组织。他关注到，大部分国际组织的招聘一般都要求硕士研究生学历，因此，他在工作的同时，一直在寻找提升学历的机会。在伦敦工作时，孙超所在的办公室就在伦敦政治经济学院附近，下班步行15分钟左右的路程便可抵达。借着办公地理位置优势，他挤出工作日晚上和周末的时间投入到学业当中，顺利攻读了伦敦政治经济学院的金融学硕士学位。

这期间，孙超不仅取得了注册会计师和国际注册内部审计师资质，丰富了审计实战经验，提升了学历，也在伦敦积累了跨文化工作的经验，这些都为他后来进入新开发银行搭建了坚实的阶梯。

圆梦新开发银行

在孙超心里，理想的灯塔指向国际组织的亮光从未停止闪烁。金砖五国成立了总部位于上海的新开发银行后，孙超一直在领英等职场社交平台上持续关注着新开发银行的招聘动态。而机会，总是向有准备之人张开怀抱。

2018年夏，新开发银行公开招聘内部审计专家。因为能力、学历、经历和背景等多方面的高度契合，他很快通过重重选拔，于2018年11月正式入职新开发银行，负责对银行的内部控制活动和治理实践执行鉴证工作。日常，他需要对银行的控制环境、业务流程和关键内部控制活动进行风险导向独立测试，并将测试结果、审计发现和建议汇报给银行董事会下设的审计、风险和合规委员会。从2015年至今，新开发银行目前仍处于进一步建章立制、完善各项规章制度和业务流程的阶段，孙超得以全方位见证、参与这个年轻的多边开发金融机构一步步走向成熟的过程，在充满机遇、责任与成就感的环境下与新开发银行共同成长。

谈及会计师事务所与国际多边机构工作的不同，他表示，后者的加班相较会计师事务所少一些，但服务的客户、日常经营的业务和共事的员工都更多元化和国际化。普华永道是一家私营企业，服务的客户、业务和员工都比较本土化，中国区主要服务中国本地公司，英国区则主要服务英国本地公司。而新开发银行作为国际组织，其员工来自金砖国家的不同区域，业务涉及银行成员国间的资金往来、金砖国家及其他新兴经济体和发展中国家的基础设施建设投资，需要与来自不同国家的多元主体打交道。

关怀与引领

以他人之苦难为苦难，忧心他人之贫穷，新开发银行的“关怀”价值观与孙超深度契合。新开发银行的宗旨是为金砖国家及其他新兴经济体和发展中国家的基础设施建设和可持续发展项目动员资源，饱含着对发展中国家和地区的关怀。

广阔的平台，光明的前景，新开发银行为有志者提供了实现自己理想的大舞台。当然，通向这个舞台的道路门槛高，竞争者颇多，格外拥挤。孙超认为成功求职（国际组织）的基本要素可以概括为如下几点：一是知识储备和专业技能要与岗位高度匹配；二是最好有多边机构或国际组织的工作背景，以向机构展示自己的专业能力和跨文化交际能力，这是很大的加分项；三是学历条件要满足机构的要求。

爱因斯坦曾说：唯有以伟大而纯洁的人物为榜样，才能引发高尚的思想和行为。这句话仿佛就是孙超一路走来的最好注脚。林毅夫教授世界银行赴任前的一席话如灯塔般让他找到了人生的信念，也成为他内心深处不竭的动力和永恒的指引。榜样的力量是无穷的，坚如磐石的信念、念兹在兹的关注、厚积薄发的积淀助孙超一路披荆斩棘，勇往直前。在一家有关怀的国际组织做着充满关怀的事业，孙超感叹道：帮助了别人，丰富了自己；总有心动，亦总难忘。

校友金句

成功求职（国际组织）的基本要素可以概括为如下几点：一是知识储备和专业技能要与岗位高度匹配；二是最好有多边机构或国际组织的工作背景，以向机构展示自己的专业能力和跨文化交际能力，这是很大的加分项；三是学历条件要满足机构的要求。

周洁：
行远自迩，跫音不绝

人物简介

周洁，北京大学法学院1999级本科生，国际法学专业2003级硕士研究生。2006年研究生毕业后加入北京一加一文化交流中心（现一加一残障人公益集团），2007年3月加入国际劳工组织中国和蒙古局工作至今，先后担任企业可持续发展、集体协商、社会保障项目的项目官员。

周洁坐在北大新太阳学生中心的会议室里，回望自己的工作和生活，清亮的声线流淌着宠辱不惊的淡然。在她的平铺直叙里，所做的每一件小事看似都毫不起眼，但不慌不忙地做好每一件事，其实就是她得以拾级而上、步履不停的动力。

园子里：以兴趣为师

初见周洁，她着一身利落的羽绒服，手上拿着北大校园冬天里最热门的小吃单品——糖葫芦，她本以为回到阔别多年的母校会不识路，没想到这里还是她记忆里的样子，洋溢着青春和希望的气息。园子是她筑梦引航之所，在这里度过的光阴亦是她日后征程的勇气与底气。

法学院不是周洁最初的选择，由于从小酷爱读书，周洁填报志愿时早已“心有所属”，她觉得“可以天天跟书打交道挺好的”，所以属意的是图书出版专业。而家人则希望她能够拥有安身立命的一技之长，故而建议她选择法学院。周洁坦言自己当时对法律也没有什么概念，就接受了家人的建议读了法学院，但从法学出发的大学教育为她未来的职业选择提供了一条不太寻常的道路。

进入大学校园的周洁像一块永远吸不饱的海绵，投入知识的海洋，并带着极大的好奇心参与校园里的各种活动。周洁直言是在园子里的经历丰富了她对世界的想象。最终她将目光汇聚在国际发展行业，这在当时仍是一片尚不为人所熟知的领域。

周洁在园子不大不小的阶梯教室里编织了自己参与国际发展的梦想。北大时常邀请文化名人、各行业的政策制定者和实操者为学生传道授业。彼时一位联合国难民事务高级专员公署（以下简称“联合国难民署”）官员受邀进校园做讲座，介绍联合国难民署的工作，阶梯教室里挤满了慕名而来的莘莘学子。周洁也坐在台下仔细聆听，难民议题的种子轻轻落在她心间，生根发芽，这也促成周洁后续的本科生论文和研究生论文的撰写。

受这次讲座的启发，她决定本科毕业论文以难民的基础教育为题。她与联合国难民署驻华代表处取得了联系，并获取了相关资料。接受了国际法专业的研究生学习与训练后，她以更专业的视角和更体系化的思维接近难民议题。她的硕士毕业论文关注难民的不推回原则，同时她以这篇论文为基础参与了《国际难民法》（知识产权出版社，2009）

一书的编写。

难民议题扩大了周洁的国际视野，也激发了她对一个全新领域的关注，成为她进入非营利组织的一块敲门砖。周洁坦言："我从小其实没有一个特别感兴趣的领域，更多的是进入北大之后，接触到各种各样的人和事，特别是北大的整体氛围带给我潜移默化的影响，让我最终选择了国际组织这条道路。"

周洁读研究生期间，北京大学法学院人权与人道法研究中心开设第一届人权与人道法硕士项目，项目开设的课程与国际法专业知识有着紧密的联系。作为国际法专业的学生，周洁非常庆幸能有机会接触各个权利保障领域的国内外专家。国际法视角和人权领域的课程仿佛为她打开了新大陆的地图，在专业老师的知识引领和实务工作者的经验分享中，周洁对于世界认知的角度和维度发生了转变和延伸。

该项目开设了人权与法治、国际人权保护机制、人权保护专题讲座等课程。课程中老师介绍了妇女、儿童、残障人士等群体的基本权利和法律保护情况，这让周洁接触到了很多少数群体的故事，听到了鲜少被代表的声音。课程之余，周洁也尝试更深入地了解非营利组织的日常工作。她进入行动援助（ActionAid）实习，参与了艾滋病议题的相关研究，接触了文件翻译、政策实践研究等具体工作任务。研究生期间，周洁还通过项目的"工商业与人权"课程接触到了企业社会责任这个在当时刚刚兴起的议题，并参与组织了相关研讨会，这也为她后来的求职路多了一份沉淀。在一定的知识储备和经验积累的基础上，周洁立志日后要在国际发展领域坚守自己的初心，走出属于自己的道路。

周洁是一个"标准"的北大学生，对于每一个交付于手中的工作她都会做到尽善尽美。正因为此，从进入北大选择法学院到加入国际劳工组织，一切的选择在周洁身上看似水到渠成，再自然不过，但她所走出的这条路却离不开此前的沉淀和积累，就像滑雪一般行云流水，靠一个持续的兴趣点串联，同时兴趣点也好似一根雪杖，轻触雪面以助她顺利改变方向。

工作中：不断地拓展边界

离开校园之后，周洁进入了之前一直关注的残障领域，进入北京一加一文化交流中心（现一加一残障人公益集团），与初创团队并肩而行。尽管这段工作经历不长，但仍给周洁留下了较为深刻的体悟。由于是初创团队，一切都是从零开始，周洁也学到了一个非营利组织在初创期间的组织架构方法，以及项目规划所需要的长远视角。这是周洁第一次接触残障人并与他们共事，她深深地被这个群体的精神状态所感染和影响。在离开项目团队之后，周洁对待新鲜事物一直保持着积极向上和开放的心态，并坚持以“残障”视角关注生活中的细节。

之后，周洁加入了国际劳工组织驻华代表处企业社会责任项目团队（这得益于她在北大期间所积淀的相关知识和实践背景），从此开启了她在劳工领域的深耕。

项目官员主要负责项目的综合管理和整体的协调规划，需要对项目整体进程有较强的把控，同时要保持吸收新知识的状态。作为项目官员，周洁需要及时掌握项目进度，从开始的项目规划到后期的执行监测，从书面的政策汇总到实际的培训准备，每一个项目从开始到落地，都离不开细致全面又不断调整的动态规划和管理。

周洁在国际劳工组织成立一百周年纪念活动中

“它不一定需要你是一名技术专家，有技术背景当然更好，但是如果没有，则需要你具备快速学习的能力。”周洁曾先后担任企业可持续发展、集体协商、社会保障项目的项目官员，这些项目属于国际劳工组织不同板块的内容，涉及不同的技术领域，周洁说：“眼界要放宽，不能只盯着自己的那块，要尽可能地去了解其他的一些领域，拓展自己知识和能力的边界。”

不同项目之间的转换给周洁带来压力也带来动力。每个项目有不同的目标和合作伙伴，项目的实施侧重点和实施方法也各有差异，这促使她不断地探索和完善适合不同项目的执行路径。她目前执行的社会保障项目更多地关注政策层面，通过政策研究、政策交流、政策研讨向政府部门提出建议。团队会持续关注全球范围内社会保障政策，关注各个国家社会保障领域的立法与实践变化，并定期制作政策快报，供国际国内政策制定者、研究者参考。

在管理企业可持续发展项目时，周洁会随培训师团队一起多次深入工厂和公司，直面工厂的一线工人和管理者，为他们提供能力建设培训，帮助企业建立工人与管理者之间的有效沟通机制，并尝试帮助企业建立起改善各方面管理的长效机制。深入一线会遇到不同的问题，管理层本身不愿让工人参与到实际决策过程中，因而往往一开始企业推荐的工人不具代表性，或者工人不能充分参与企业的改善工作，这也给周洁他们一行的工作带来不小的阻力。通过前期的充分沟通和同业展示，加上合作伙伴的支持和推动，以及循序渐进的方法，项目最终帮助企业形成了良好的工作场所合作机制，强化了工人的主人翁意识，使他们对工厂更有认同感，并积极参与到工厂治理的建言献策过程中。有效的机制一旦得到建立，劳工的权益就更加能得到保障，企业的发展也自然而然更加可持续。

但深入公司内部除旧布新的工作非常不易，部分议题具有敏感性，或是缺乏利益相关方的支持等现实问题都可能成为绊脚石。周洁坦言："可能十个工厂中有二至三个能成功建立起有效的沟通机制就已经很不容易了。"所谓有效，就是该机制脱离团队的干预也能够独立运转，并能将理念不断内化，使相关人员自发地去宣传或实践相关理念。在项目完成时，周洁见到一些企业在自身成功建立起有效机制之后，还孕育出了独属自身的企业文化，并尝试去传递这样的理念。周洁说："这就像一棵树摇动另一棵树，一朵云推动另一朵云。然后你就会觉得这种长达十多年的耕耘没有白费，还是挺有成就感的。"她平实的阐述里难掩自豪与满足。

在实际工作情境中，一些流程的反复，项目停摆又重启，这一切都没有让周洁感到挫败，反而让她更能沉下心来，思考项目本身所能够带来的影响和变化。一些项目历时二三期才能实现目标，国际公约的批约准备时间更是长达数年，国际组织的很多工作可能并不能立即见到成效，“这个过程中需要有耐心和信心，要脚踏实地地做好每一项工作。”周洁说。

周洁（左二）深入工厂拍摄案例视频

寄来人：积跬步以行千里

谈起自己的职业，周洁没有用理想、信念这样的词来标榜自己，她平铺直叙的言语看似毫不起眼，却蕴含着属于她自己的坚毅力量。她说：“对我来说可能也没有那么高的基调，就觉得这是一份还比较有意义的工作。”她在谈及自己对这份工作的认同感和归属感之余，也强调了个人和职业之间的良性互补：“这份工作始终让我觉得有新的东西可以去吸收，自己也有能力去给它提供支持，这对我来说很有意义。”能够让一些群体的生活变得更好，让周洁感受到了坚守在这个行业的意义。

在周洁看来，自己当时在做职业选择的时候并没有像如今的学生这样做严格的职业规划，当初也只是想在这个“理想主义者的世界”闯一闯，至于怎么走，要走多远，初出茅庐的周洁自己也没有答案。

周洁说：“我是比较幸运的，一直有项目做。”刚入行的时候，由于整个团队人员精简，所以即使作为助理，周洁也仍承担了许多协调管理工作，从起草报告到整体协调规划，她宛若璞玉一般，在一次次独立工作中得到磨练，收获成长，这也为她后来的职级晋升做好了准备。作为项目官员，周洁很幸运能够在每次项目的节点都有新的机会，并通过自己的努力顺利地接手新项目。但她也坦言，自己的例子存在“幸存者偏差”，因为这样的机会不是时刻都有，即使有，也不一定恰巧出现在对的时间点上。

周洁对如今北大高度重视国际组织人才培养输送感到由衷高兴。作为师姐，她鼓励对这一领域感兴趣的师弟师妹们在这条路上勇往直前，不遗余力。她同时也建议大家在进入行业之前，最好能充分利用学校的平台或其他的渠道寻找机会进入联合国系统进行实习，了解联合国这样一个庞大机构的工作状态和工作氛围。很多刚入职的毕业生，一般都从助理做起，被交付的工作可能是烦琐且不具专业性的，这往往很容易消磨人的意志，对于怀揣梦想充满热忱的新人来说将会是不小的考验。

作为一个过来人，周洁见过许多胸怀大志的后辈紧盯着联合国或国际组织这一亩三分地，造成了许多不必要的内耗，而真正进入之后又因为被交付的日常工作繁复琐碎，以致许多职场新人出现“去能力化”的情况。周洁建议大家敞开视角以拥抱更大的世界，尝试赋予自己更多的机会和可能性。比起一毕业就进入联合国承担处理琐碎事务的助理工作，进入私营部门工作积攒经验，或是以一些成熟的非营利组织为跳板不乏为一种“曲线救国”的良策。同为职场新人，联合国体制外工作的不确定性会塑造出更多的可能性，迸发出比“联合国蓝”更为明亮的色彩。周洁身边通过这样迂回路径进入联合国工作的同事不在少数，晋升通道也可能更为明朗。她希望后辈们勇于尝试，通过不同的道路丰富自己的阅历与能力，最终都能在适合自己的舞台上大放异彩。

校友金句

1. 眼界要放宽，不能只盯着自己的那块，要尽可能地去了解其他的一些领域，拓展自己知识和能力的边界。

2. 敞开视角以拥抱更大的世界，尝试赋予自己更多的机会和可能性。比起一毕业就进入联合国承担处理琐碎事务的助理工作，进入私营部门工作积攒经验，或是以一些成熟的非营利组织为跳板不乏为一种“曲线救国”的良策。

3. 勇于尝试，通过不同的道路丰富自己的阅历与能力。

郭晓春：

步履不停，逐心而行

人物简介

郭晓春，北京大学外国语学院2002级本科生、2006级硕士生，北京大学东南亚文化博士，现任联合国儿童基金会驻华办事处伙伴关系专家，联合国驻华机构合作委员会委员。曾担任北京大学外国语学院团委书记。加入联合国儿童基金会后，她主要负责协调各方与联合国儿童基金会之间的创新型合作，并开创了“儿童守护使者计划”，该项计划成为亚太合作的典范；此外，她还推动了中国的第一个青年代表团顺利访问扎特里难民营。

北京的槐树，总是在人注意不到时悄悄发芽，而三里屯北街道旁的蓝色小房子，也正准备迎接它在这里的又一个春天——这里是联合国儿童基金会在中国的办公室，也是郭晓春每天工作的地方，小院徐步，一幕幕关于成长与热爱的画面在她的徐徐道来中悉数呈现。

读万卷书，行万里路

郭晓春的故事始于开放而民主的家庭环境。父母很少干预她的选择，从上哪所中学，学文或是学理，到报考哪所大学，学习什么专业，都是由她自己决定的。因此，郭晓春常常做出一些“非主流”的选择：临近会考，同学们都在埋头读书，她却选择远赴日本参加国际教育大会。在东京，作为唯一一名来自中国的青年代表，郭晓春受到了日本文部省官员的接见，并且第一次在高规格会议上用英文做了演讲。郭晓春记得，自己下台的时候，一个日本人握着她的手赞叹道：“没想到中国学生的英语水平也这么高！”

这段旅程让她体会到了站在世界舞台上，讲述中国故事的骄傲感，也让她结交到了来自世界各国的朋友。其中一个来自泰国的女孩和一个来自韩国的女孩和她十分投缘。她们虽然可以用英语交流，但是郭晓春总禁不住思考，如果自己会说泰语或韩语，就可以用对方的母语与对方进行沟通，交流就会更加深入，自己对异国的文化也会有更深刻、更直接的认识。

抱着对语言学习的热忱，高中毕业后郭晓春被保送到北京大学外国语学院印尼马来语言文化专业。除了打下坚实的语言基础外，该专业还非常注重培养学生的“文化”，重头戏在于古典文学、文化乃至新闻和历史。

之后，郭晓春被保送到东南亚文化专业读硕士，与本科时的学习只关注马来半岛与印尼文化不同，东南亚文化研究涵盖11个国家，有更加丰富的语言与宗教知识。这让她有更多机会了解不同的文化和各异的民俗风情，也为她之后与来自不同文化背景的同事共事做了良好的铺垫。当然，对日后的工作影响最深的还是学术层面，专业学习让她在之后的工作中能够做到细致观察、耐心倾听、逻辑分析，等等，这些都离不开学校严格的学术训练。郭晓春记得，自己在硕士期间上了一门英国老师开设的论文写作课，学习如何精准扼要地在文章中表达自己的观点。这门课看上去虽然基础，但却需要她在中英两种语言的思维方式之间跳转。在语言的锤炼中，其实锻炼的是思维能力，即如何有效而精练地传达自己的想法，这让她日后在跨文化交流与工作中受益匪浅。

除了“读万卷书”以外，郭晓春深知“行万里路”的重要性。读研期间，她参与了一个面向全球19—29岁青年的领导力项目——Up With People。秉承着“通过社工和音乐来凝聚全球”的宗旨，这一项目在全球范围内每年都会招募青年组成公益演出义工团，在世界各个城市做社区义工，并演出音乐剧。郭晓春凭借在北大风雷街舞社几年的演出经验与自信拿到了这一项目的入场券。

在半年的时间里，她与来自19个国家的73位伙伴共同访问了美洲、欧洲和东南亚等地的近10个国家。启程的第一站在项目的总部——美国科罗拉多州的丹佛，她在科罗拉多大学进行了为期一个月有关跨文化理论的学习，学习如何在之后的旅程中适应不同的文化冲突。在一堂课上，一位老师将文化解释为“Culture is the way we act”，这令郭晓春记忆深刻，她说：“原来我总是把文化分类过细，或者过于标签化了，但真正的文化其实就是人本身。”

启程之后，整个团队每到一个地方，就会寄宿在当地人家里，郭晓春每次的室友也都不同。在泰国，她住进了一对亚裔美国夫妇家里，这里和她每天要去做义工的地方只有一街之隔，却是截然不同的两个世界。郭晓春做义工的福利院里住的几乎都是毒贩的孩子，这些孩子的父母或因吸毒被抓，或因没有钱养育孩子抛弃了他们，福利院里吃住条件都很差，环境十分恶劣，而下班后走过一条街，就会回到优渥舒适的公寓里。这让她第一次强烈地感受到了贫富差距和命运的不公，帮助更多孩子的心愿也就此在她的心中发芽。当时，大部分义工都是年轻的学生，面对哭喊的孩子们他们往往手足无措，福利院的工作人员建议他们唱歌给孩子们听。第二天，他们就找来两把吉他，给孩子们弹琴唱歌，孩子们在音乐中逐渐安静了下来。

这六个月的经历挖掘出了郭晓春内心深处的共情能力，也让她逐渐摸索出和来自不同文化背景的人交往的方式。在高中时，面对来自异国的朋友，她认为学习语言是打破文化壁垒最好的方式，而此刻她认识到，与真实的人真心地交往才能真正打通边界，尽管会有冲突、错位，但是这些经历会让自己的心变得更加宽广。

这段经历也无意间为郭晓春打开了通向联合国的大门：一名联合国官员在参加了他们的演出后，认为应该邀请这些优秀的青年到联合国交流，将他们丰富的文化交流经历，以及对社会问题的理解搬到联合国舞台上。郭晓春在诸多候选人中脱颖而出，成为了联合国开发计划署和Up With People项目的协调员，之后她被安排赴联合国纽约总部进行了为期半年的实习。刚到办公室的郭晓春对联合国的工作一头雾水，在同事们的帮助下，她开始对办公室的文件标准格式、项目步骤、职能部门等熟悉起来。在几个月的努力下，大会顺利召开，也让郭晓春对联合国的工作心生向往。

与奥运结缘

2007 年对郭晓春来说是格外特别的一年，之前她走过了十几个国家，又在纽约的联合国总部实习，但她却依然决定提前结束实习，回到北京。因为来年，万众瞩目的夏季奥运会将在北京举办，而郭晓春作为北京大学奥林匹克文化协会会长，被学校邀请参加筹办“2008奥运·冠军论坛”。自2000年奥运会起，“冠军论坛”被国际奥委会设立为奥运会的必有项目，也是奥运会开幕前重要的文化活动之一。北京奥组委授权北大主办这次文化盛宴，也恰逢北京大学110周年校庆，意义格外重大。

郭晓春与奥运的缘分可以追溯到她本科快要毕业的时候。当时，得知自己已经保研后，一直想要自己创办社团的她看到了这块空白。她说：“学校当时没有一个有关奥运的社团，但是这在当时是很热门的话题，我觉得可以成为一个重要的跨文化交流平台。”

于是，她很快召集了一些志同道合的朋友，组建了奥林匹克文化协会。而这次筹办“冠军论坛”的任务，奥林匹克文化协会作为主力军再合适不过。郭晓春回国后，北大国际合作部的老师们带着协会七八个核心成员和一百多个志愿者，没有找任何公关公司和第三方机构，从零开始学习做视频、撰写项目书，他们与校友企业谈合作、拉赞助，最终获得了来自联想150万和中国银行500万的赞助。

谈及这段经历，郭晓春最大的感悟是：“你自己有多认真，别人就会有多尊重你。”团队严谨、专业的态度受到了广泛认可，许多合作方都以为他们的项目书是找专业机构做的。

在论坛举行前期，团队举办了两个“热身”活动，一个是“相约冠军”名家讲坛，郭晓春和团队其他成员一起写邀请函，通过校友等渠道邀请到二十多位学者以及各行各业的成功人士来到北大做分享。此外，她们团队还联合中国银行举办了“你就是冠军”优秀青年评选活动，在全国三十多所高校进行了评选。在为期一天半的正式论坛上，团队邀请到了萨马兰奇、基辛格、布莱尔等著名人士，以及在普通岗位上非常成功的一些人士来到北大，围绕“什么造就了冠军”这一主题进行分享。

这项工作对于在校学生来说是巨大的挑战，由于嘉宾人数众多，需要确保每一个环节都不出错，且需要随时切换语言工作。郭晓春知道每一位嘉宾都不能怠慢，所以她脑子里一刻不停地考虑着怎么对接每项任务，如何分配工作，怎么让每位嘉宾都感受到尊重与欢迎。

郭晓春将这段经历形容为一次“创业”，在学校的支持下，她与她的团队“并肩作战”，让一系列活动成功落地，并整合了嘉宾们的演讲，出版了一套书籍。她说：“这是一段令我终生受益的经历，我学会了很多技能，开阔了眼界，增长了知识，最重要的是最后成功地做成了自己想做的事情。”

从反哺到初心

硕士即将毕业时，学院找到一直在学院做学生干部的郭晓春，希望她可以留下，担任学院的团委书记。此时，已经有其他就业选择的郭晓春在短暂考虑之后，决定留下。她说：“我当时觉得北大给了我舞台，如果学校需要我，我就先留下来。就像是当时提前结束了在联合国的实习回来开始筹备冠军论坛一样。”

郭晓春的优势在于她对学院工作比较了解，相比于其他学院，外国语学院的构成比较复杂，最小的班只有一个人，人数最多的班有40个人，整个学院有21个语种，日常的管理并不简单。她和学生们的关系非常亲密，每年新生入校时，她都会跟每一个学生面对面聊天，了解他们的想法和困惑。譬如，在谈话中，她得知阿拉伯语专业学生的第一年学习非常困难，还特地去学习了一下阿拉伯语，想亲身体会一下困难之处，寻找和学生的共鸣。

为了丰富学生的课余生活，郭晓春主持举办了外国语学院第一届文化节，又创办了外国语学院第一本多语种的电子杂志。除了担任学院团委书记，郭晓春还担任学工办的副主任，需要处理许多琐碎的工作。回忆起来，郭晓春笑称自己当时几乎处在7天24小时待命的状态。尽管如此，她依然对这份工作抱有深厚的热忱，因为她享受和学生一起成长的感觉。

虽然在园子里从学生成长为老师，度过了十几年的光阴，但最终郭晓春却毅然选择了离开。当时，她觉得自己如果想扩展视野、提高认知，就必须走出去，而她心中一直没有忘记最初的理想——到联合国工作。抱着这样的信念，离职后，她参加了联合国儿童基金会的公开招聘，作为顾问加入了联合国。身边很多人并不理解她为何放弃了高校工作，但是郭晓春知道，比起稳定而优渥的学校工作，她更希望获得开阔的眼界。她说："我觉得一个人最重要的，是在人生的道路上不断提高自己的认知水平，拓宽视野，一定要走出舒适圈。"

在联合国的辛勤工作，让郭晓春从顾问转为了正式职员。这期间，她主要负责协调各方与联合国儿童基金会之间的创新型合作，最令她难忘的是从2017年年底开始筹备的"儿童守护使者计划"。这是联合国儿童基金会驻华办事处第一次在国内寻找慈善家合作，提高全民对于儿童权利的认知的项目。这个项目在郭晓春接手时几乎是零起点，到现在已成为联合国儿童基金会在全球的典范项目。联合国儿童基金会东亚及太平洋区域办事处经常请郭晓春和项目组同事为其他国家分享经验，介绍如何找到合作伙伴，如何可持续地将与政府合作的项目运行下去，如何得到更多私营部门的支持。

得益于在过往工作中积累的与人沟通的能力，郭晓春能够清晰地识别出想要进行合作的对象，并且打动他们投入项目。谈到对创新型合作的认识，郭晓春认为除了资金或者资源的支持，还需要找到双方共同的获益点，更多地思考如何帮助双方提高能力，将合作进行得更加深入。

身在联合国工作的郭晓春，依然心系北大，不断寻找着与母校合作的机会。功夫不负有心人，郭晓春等来了这个机会——CAMEL（China-Arabia Multicultural Exchange Link）是中国与阿拉伯国家大学生间的一个综合性文化交流项目，成员来自北京大学学生国际交流协会，每年都会遴选北大优秀学生前往中东进行访问交流。2018年，北大方面联系到了联合国儿童基金会，希望共同合作促成这次前往黎巴嫩和约旦的实地调研。

为此，郭晓春联系到了黎巴嫩和约旦的联合国机构，带领北大师生参访了联合国难民署和联合国儿童基金会驻黎巴嫩办公室、联合国儿童基金会驻约旦办公室，并聆听了当地官员的介绍。此外，她还推动了中国的第一个青年代表团顺利访问约旦最大的叙利亚难民营——扎特里难民营。这里容纳了近9万名叙利亚难民，他们主要来自叙利亚德拉省等南部省份。其中，难民儿童超过4万，每周都有超过80位婴儿出生。

在难民营时，郭晓春感触颇深，联合国机构为解决难民营问题做了大量的工作，为孩子们提供学习和娱乐的场所，帮助他们在未来能够更好地适应走出难民营后的社会。郭晓春记得，自己当时穿了带有联合国儿童基金会标志的衣服，孩子们看到她就会特别开心地让她抱一抱，这让她感受到了无与伦比的快乐，以及随之而来的深深的使命感。她觉得，这种使命感来自于“自己对世界的认知变得柔软”。如今的她，会因为听到战争的消息，想起硝烟中孩子们痛苦的面孔，而希望自己有更大的能力，找到更多志同道合的人帮助他们。

作为联合国儿童基金会的一名伙伴关系专家，如今的郭晓春依然走在探索合作路径、维护儿童权利的路上。

校友金句

1. 你自己有多认真，别人就会有多尊重你。

2. 一个人最重要的，是在人生的道路上不断提高自己的认知水平，拓宽视野，一定要走出舒适圈。

后起之秀

国际舞台上的北大青年

李金凤：
咬定青山不放松

人物简介

李金凤，北京大学环境科学与工程学院2007级博士研究生，毕业后在中国原子能科学研究院辐射安全研究所环境保护研究室从事辐射防护与环境保护专业的研究工作。2018—2021年，在经济合作与发展组织核能署放射性废物管理和退役处担任A3级别的放射性废物管理专家。2021年7月起，担任中国原子能科学研究院核安全与环境工程技术研究所（原辐射安全研究所）产业开发与国际合作部主任。

李金凤

萌　　芽

从出生到高中毕业，李金凤一直生活在山东省招远市东北部的玲珑金矿。这里是中国黄金产量最高的矿山之一，地表下蕴藏的财富令外人歆羡。但在李金凤眼里，这座金矿更像是一座围城，城外的人想进去，城里的人想出来。

长年的粗放开发导致生态环境恶

化，连矿区的地下水都被染成黄色，居民想要用上干净的水非常困难。在李金凤小时候的认知中，“有钱人”就是那些每周都能进城泡温泉的人，而直到高考前一天，她才第一次被妈妈带去市区的浴场洗了一个干干净净的澡。

对绿水青山的向往由此埋下了种子。高中时的李金凤立志学习环境科学，成为一名环境工程师。但父亲并不看好这个职业，他认为若想改善生活，读经管类专业才是更实际的途径。高考结束后，父女二人在专业选择上谁都不肯让步。报志愿那天一早，李金凤独自跑到学校填了志愿表。一个月后，李金凤收到了北京理工大学化工与环境学院的录取通知书。

进入了心仪的专业，李金凤一边刻苦学习，一边寻找机会学以致用。本科期间，李金凤和同学组队参加了“挑战杯”中国大学生创业计划竞赛，凭借“蓝色地球生物技术有限责任公司”的商业计划拿到全国铜奖。她还利用假期参加大学生绿色营，以自然讲解员的身份向公众传递环保意识。

找准方向的李金凤在学业上不断精进，本科毕业后她被顺利保送到北京大学环境科学与工程学院攻读博士学位。北大校内丰富的国际交流活动让她大开眼界，国际组织也随之进入了李金凤的视野，这些关乎全人类福祉的国际化平台让她心生向往。

虽然很想前往国际组织实习，但在当时，这类实习岗位大多没有薪水或者其他资助支持，国外高昂的食宿交通等费用让家境并不宽裕的李金凤望洋兴叹。她只好曲线救国式地参与一些国际合作项目和交流活动。从2010年开始，李金凤连续四年参与筹办环球科技领导力论坛（STeLA Leadership Forum），在北京、斯坦福、东京和代尔夫特等地与来自世界各地的青年学者探讨如何用科技改善人类生活，同时她也收获了协办大型会议的宝贵经验。

临近毕业时，李金凤一度把联合国环境规划署作为就业目标，但和在那里工作过的学姐交流后她得知，毕业生直接前往国际组织大多只能从事最基础的工作，晋升将是一个漫长的过程。师姐建议她不如先在业内积累几年经验，然后再去国际组织谋求机会和发展。

于是，李金凤转而寻求一份高校或科研机构的工作，可她投出的简历大多石沉大海。就在李金凤为毕业后的出路担忧之际，中国原子能科学研究院向她发来了面试通知。李金凤方才想起来，这份机遇源于她在学校筹办环球科技领导力论坛时的无心插柳。

面试结束后，中国原子能科学研究院辐射安全研究所向李金凤抛出橄榄枝。一番思量之后，她越来越觉得在这里工作是个不错的选择：辐射安全与核能利用是当代环境科学的重要议题，自己可以继续从事钟情的环保事业；而且核能是国际合作的重点领域，来到中国原子能科学研究院后，自己离走进国际组织的理想好像又近了一步。果不其然，在入职四年后，这样的机会来到了李金凤的面前。

2015年，李克强总理访问经济合作与发展组织（以下简称“经合组织”）巴黎总部，将中国与该组织的关系推向历史高峰。在这样的背景下，经合组织核能署与中方都有意加强人员交流，推动后续合作。[①] 2017年，中国国家原子能机构决定遴选专家前往经合组织核能署，参与放射性废物管理方面的国际合作项目，这位人选将成为历史上第一位加入核能署主要秘书处的中国专家。

接到选拔通知时，李金凤正在休产假，在家照顾不到5个月大的宝

① 核能署为经合组织框架内的一个半自治机构。中国不是经合组织的正式成员国，但以战略合作伙伴的身份参与核能署的活动。

宝。惊喜之余，她马上担心起外派工作与照顾家庭之间的冲突。关键时刻，家人给予了她坚定的支持：丈夫愿意放下目前的工作陪李金凤去法国，母亲也表示可以去法国帮助照看孩子。于是李金凤下定决心，一晚上没睡觉，通宵做了6页的简历出来。

为了准备选拔考核，李金凤在有限的时间里查阅了许多资料，但她最大的优势还是“功在平时”。日常工作中，李金凤已经在放射性废物处理方面开展了很多研究，有了充分的专业积累。握在手里的8篇SCI论文给了她证明自己研究能力的底气，坚持学习英语则让她在中英互译笔试中展示出了高超的语言水平。平日积蓄的能量，使她在考验面前迸发出耀眼的光芒。凭借考核中的出色发挥，李金凤顺利拿到了这一具有重大意义的外派名额。

破　土

2018年3月，李金凤被正式派出。核能署的办公室紧邻着塞纳河，窗外可以看到对岸的圣克鲁国家公园，风光旖旎，同事们也友好和蔼容易相处……身边一切都令李金凤兴奋，但新鲜过后，她要面对的是未曾预料过的挑战。

让她意想不到的首先是经济上的挑战。入职没多久，李金凤就陷入了生活拮据状态。在国内时，李金凤生活朴素，来到法国后，这里的高消费让她压力倍增。由于中国并非经合组织成员国，李金凤在核能署的身份只能是“免费专家”，收入纯靠国内单位补贴，补贴从申请到发放也需要一定的时间。陪她来到法国的丈夫也发现重新找一份工作并不容易，当地雇主普遍要求雇员能以法语作为工作语言。一时间，全家人只能尽量节俭依靠积蓄生活，甚至有一次，为了买一双便宜一些的足球鞋，李金凤曾跑了好几个市场。

所幸国内单位很快为她及时提供了补贴，家庭的经济状况逐渐好转。但在工作上，李金凤又发现自己进入了瓶颈：入职已有一段时间，她一直都只是在给其他专家“打下手”。原来，李金凤来到核能署时，她所在的放射性废物管理和退役处里已经有了来自日本和俄罗斯的几位“得力干将”，他们承担了大部分的核心业务，加上部门主任对初来乍到的李金凤还不太了解，所以分给她的大都是辅助性的工作。

李金凤深知，自己来到巴黎不只是为了完成自己的国际组织工作心愿，更重要的是，她肩负着推动中国与核能署未来合作的重要使命。因此她并没有安于现状，而是主动出击，努力抓住每一个表现自己的机会，努力寻求工作上的突破。

李金凤（前台右一）在 2018 年核能署安全全过程系统分析大会上

功夫不负有心人，李金凤在日常工作中展现出的信息检索能力给部门里的俄罗斯专家留下了深刻的印象，他主动向部门主任引荐李金凤，为她争取到一项重要任务：作为主笔，为新成立的核设施退役和遗留场址管理委员会起草关键术语报告。

李金凤深知，这是一次展示自己的绝佳机会。为此，她仔细调研了各国对相关术语的定义，谨慎地处理其中的分歧，并组织五名资深专家组成国际团队多次讨论。她在这次工作中表现出的专业能力和写作水平让同事们刮目相看。初露锋芒的李金凤继而参与了核能署多部英文专著的撰写。她独立搜集大量数据汇编成《各国深地质处置库开发时间表》，为各国政府的核能投资政策制定提供了重要的参考。

好运似乎也继续随之站在了李金凤这边。从2019年下半年起，部门里的外国专家们陆续期满离职，接替他们位置的新同事对工作还不熟悉，大量事务一下子落在了李金凤身上。她不仅完成了自己分内的工作，还把新同事们不太擅长的部分工作也揽了过来。就这样，在一年时间里，李金凤从最初的辅助性角色飞速成长为部门不可或缺的核心人物。

与此同时，李金凤成为核能署与中国合作的“大管家”。李金凤最得意的成果，就是为中国争取到了前往核能署的实习生资格。2019年，中方在双边会议中提出希望派遣实习生，然而核能署高层意见并不统一，此事拖了整整一年也没有下文。2020年，李金凤抓住和核能署总干事线下会晤的机会，提出倡议并得到总干事的支持。倡议随之很快落地，实习生名额就落在李金凤所在的处室。

此外，李金凤还承担了协调高层双边会议、总干事访华以及联系中文出版物等事务，建立了邀请中方专家参会的标准流程，她提出的创办中国-核能署论坛的倡议也得到了支持。这些中国与核能署之间的交流管道，对促成双方未来合作具有重要意义。

留　　珍

在国际组织工作并不轻松，尤其是对于自认向来不太擅长处理工作与生活关系的李金凤。在核能署的三年里，李金凤共计出版了四部中英文专著，发表了三篇SCI文章。她经常加班到晚上9点多，还把周末时间大半消磨在了图书馆。这样的压力让李金凤时常觉得分身乏术。

虽然“压力山大”，核能署的工作氛围却让李金凤十分怀念。核能署的人员结构扁平，只有总干事、部门主任、部门成员这三级结构，彼此之间没什么隔阂，沟通起来比较轻松，生活中联系也比较紧密。一次感恩节，美国主任把同事们和他们的家人全都邀请到自己家聚餐，令李金凤印象深刻的是，宴会上那只巨大的火鸡20多个人都没有吃完。

在核能署性别平等战略的倡导下，越来越多女性获得了在岗位上一展风采的机会。如今核能署7位技术部门主任中有5位是女性，办公室的女同事们还多次组织“女孩之夜”，大家在一起聊天、游戏、吃饭。这种轻松愉快的工作氛围，让李金凤觉得想要充分融入国际组织，一定要有“会玩”的特质。

来到巴黎之后，李金凤了解到法国有这样一个好玩的风俗：每逢1月6日“主显节”，人们要吃一种传统小吃“国王饼”，即在数块蛋糕里藏一份小瓷人，谁能吃到藏有小瓷人的蛋糕，谁就是当天的幸运“国王”。李金凤发现这和中国人包饺子藏硬币的寓意何其相似！隔离期间，经合组织号召员工们开展创意手工活动，李金凤便把收集的小瓷人包进饺子，其中包括法国经典文学形象小王子这一中法文化荟萃的作品，得到了经合组织秘书长古里亚在致全体员工信中的点名称赞。

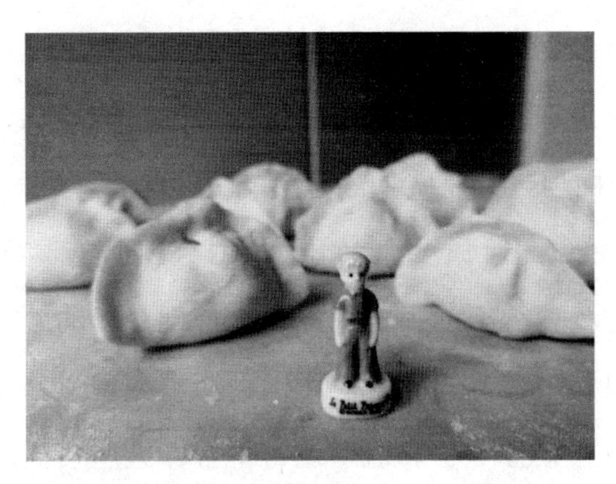

李金凤和家人的创意作品：“王子饺”

三年聘期转眼到了尾声。就像童话故事那样，小王子最终回到了他那颗一天有着43次日落的小星球。李金凤到了同核能署的朋友们，同她在巴黎度过的春夏秋冬一一话别的时刻。

临别之际，核能署总干事麦格伍德先生在内部会议上对李金凤三年来的工作高度赞美，部门同事也热情地为她准备了线上欢送会，主任丽贝卡在总结李金凤的工作时写道，“她在核能署的任期结束了，我们非常想念她。”

但与童话故事不同的是，李金凤和朋友们有朝一日还会携手合作。回到中国原子能科学研究院后，她担任核安全与环境工程技术研究所新设立的产业开发与国际合作部主任一职。现在李金凤依然会通过网络与世界各地的朋友保持联系，以中国专家的身份参加核能署多个委员会的年度大会。

从家乡的金矿到塞纳河畔，从大气污染防治到清洁能源，李金凤矢志不渝守护着最初的环保理想，同时不断拓展自己的人生赛道。虽然如今已在事业上“小有所成”，李金凤却从不觉得自己比其他人更加聪明，不过有着更多愚公的那种坚持和执着。她说："现在回想起来，每次克服困难、打怪升级得到的能力都是一颗璀璨的珍珠，它们一颗颗连接起来形成的美丽项链，是我们最宝贵的人生财富。"

"万事开头难，但只要坚持不懈、抓住时机，努力总会开花结果。"这是李金凤总结出的工作经验，也是她自己的处世之道。李金凤建议对国际组织感兴趣的同学不仅可以关注国家留学基金管理委员会和北大学生就业指导服务中心的信息发布平台，大胆投简历，也可以直接与目标机构的师兄师姐联系，争取内部推荐机会。她也鼓励大家多多参与目标机构的培训活动，如核能署开设的核法律、辐射安全防护等课程，没准机会就在其中。

1. 现在回想起来，每次克服困难、打怪升级得到的能力都是一颗璀璨的珍珠，它们一颗颗连接起来形成的美丽项链，是我们最宝贵的人生财富。

2. 万事开头难，但只要坚持不懈、抓住时机，努力总会开花结果。

朱睿智：
敢想敢做的难民赋能者

人物简介

朱睿智，北京大学元培学院政治、经济与哲学专业2010级本科生，斯坦福大学比较教育学2014级硕士研究生，北京大学国家发展研究院理论经济学（国家发展）方向2016级博士研究生。目前以联合国初级专业官员身份在卢旺达开展难民保护工作，曾在联合国开发计划署驻华代表处和联合国妇女署纽约总部实习。

在卢旺达，一名辍学的难民女孩懊恼地对朱睿智说："我这一生都将因早孕而悔恨。"朱睿智意识到，单一的人道主义援助是不可持续的，难民保护的基层工作也需要转型。如何在基层工作中更加贴近难民的切实需求，为难民的自我发展赋能？这是她始终思考的问题。

他乡之路

"我对很多东西都抱有开放心态，愿意试一试。"朱睿智说。2010年，朱睿智以优异的成绩考入北京大学。这位"很有想法"的江苏女孩认为，重基础、多元化的教育对于自己未来的发展更加有利。因此，她选择了元培学院的政治、经济与哲学专业，满怀期待地踏进燕园的俄文楼，青春的新篇章就此开始。

对于很多人来说，大学是自我对话、认识世界的重要阶段，朱睿智也不例外。她发现，教育公平与性别平等领域是自己的志趣所在。本科期间，朱睿智参加了耶鲁大学的暑期学校，并修读性别研究（Gender Study）课程，这门课程为她打开了看待社会问题的新视角，也让她针对性别问题的"雷达"更加灵敏。在斯坦福与北大的学术训练，则让她认识到教育的重要性。"我关注人的发展与机会，而教育在人的发展中至关重要。"在北京大学国家发展研究院攻读博士期间，朱睿智将教育学和国家发展的研究方向相结合，以教育公平作为切入点，探寻人力资本的发展机遇，进而思考国家发展的方向。

勇于尝试的开放心态、在教育公平和性别平等领域的志趣与专注，这样的特质似乎和国际组织不谋而合。一次机缘巧合，朱睿智迈进了国际组织的大门。2016年，朱睿智在校内社群中偶然看到一则联合国开发计划署招募实习生的消息。出于对国际事务的兴趣，朱睿智抱着试一试的心态投递了申请。不久后，她以实习生的身份加入了联合国开发计划署驻华代表处，这是她第一次体验国际组织的工作。实习期间，她参与了非政府组织指数分析、企业海外可持续报告项目等工作，不知不觉中，她也爱上了国际组织包容多元的工作氛围。

这次实习结束后，朱睿智产生了去国际组织海外办公室实习的念头。2018年，北京大学首次和联合国妇女署开展实习项目合作，一直对性别议题感兴趣的朱睿智果断抓住了这次机会。这一次，她从北京亮马河南路联合国开发计划署驻华代表处的小院，来到了联合国妇女署纽约总部。

朱睿智在联合国大会会议厅

在联合国妇女署的三个月里，朱睿智主要从事非洲组的工作。因此，她有幸认识了许多非裔朋友（她的主管就是一位非裔女士），也进一步了解了非洲的历史背景与现实处境。在这里，她真切体会到非洲人的奔放与热情，即使走在大街上，许多陌生的非裔人士也会主动向她打招呼。朱睿智发自内心地觉得，她喜欢这群人，但当时的她或许还不知道，一年以后，她将有机会去到他们的故乡，亲身耕耘这片广袤的土地。

2018年年底，即将博士毕业的朱睿智看到了国家留学基金管理委员会网站上联合国难民署初级专业官员（Junior Professional Officer，JPO）项目的报名通知，她迅速提交了申请，并全身心投入到求职备战中。上天总是眷顾有准备的人。这句话在朱睿智身上也得到了应验。2019年年初，精心准备的朱睿智通过了选拔，选择前往卢旺达开展难民保护工作。

朱睿智（右）在联合国妇女署实习期间与主管的合影

对朱睿智来说，做出这个与众不同的职业选择是不容易的。当初，在联合国难民署开放报名的7个初级专业官员岗位中，她最感兴趣的便是卢旺达的社区难民保护工作，但对于一线难民工作，她仍心存顾虑。朱睿智的博士生导师张晓波教授给予了她很大帮助，朱睿智回忆道："张老师不仅向我介绍了自己的非洲发展经济学研究经验，还邀请在卢旺达工作过的朋友向我介绍当地的情况。"广泛搜集信息后，朱睿智逐渐坚信，这正是最适合她的岗位。2019年4月，朱睿智的难民保护之旅正式启程。

大地之书

在东非内陆，赤道以南，有一个被誉为"千丘之国"的美丽国度，这里丘陵与河谷起伏有致，青山连绵。然而，由于邻国布隆迪与刚果

（金）的内乱，这里接纳了超过14万无家可归的跨境难民，其中大多数是妇女和儿童。这里是卢旺达，也是朱睿智工作的地方。

朱睿智所在的难民保护办公室负责一个多达1.7万人的难民社区。从新生儿户口注册到老年人看病就医，从提供食品营养补给到修建下水道等基础设施，这个30人的办公室几乎承担起了难民生活的方方面面。面对高强度的工作，朱睿智仍然保持着乐观的心态，她还戏称自己的工作是“居委会大妈”。

作为办公室的一员，除了负责促进教育、减少性别暴力、社区保护这三项契合自己学科专长的业务，朱睿智还需要负责残障人士救助、基础设施建设、法律援助等工作。虽然业务五花八门，但她认为，无论从事哪一项难民保护工作，最重要的都是同理心：改变对难民的刻板印象，切实体察和响应难民的需求。

朱睿智（左）在卢旺达难民社区

在难民社区，有许多因为早孕生子而辍学的未成年少女，不少当地人对此已习以为常，认为这是难民群体固有的文化。朱睿智却不以为然，她认为，早孕绝非“难民文化”的抽象概念可以搪塞的。为了改变女孩们辍学在家的现状，她在难民社区广泛收集信息，并多次到早孕少女们的家中了解情况，进行严谨的需求调研。

在一次次的家访中，朱睿智发现，年轻的母亲们也只是不知所措的小女孩。其中一名女孩懊恼地向朱睿智倾诉：“我这一生都将因早孕而悔恨。”听到女孩们话语间流露出的悔恨和伤痛，朱睿智感同身受，她说：“她们还只是普通鲜活的孩子，却因为一次错误而要背负一辈子的伤害。”凭借着专业素养，朱睿智很快发现了问题的突破口。少女辍学问题的症结在于养育婴儿占据了大量时间和精力，她们也无法得到足够的家庭和社会支持以继续完成学业，所以重返课堂的渴望成了奢望。

朱睿智和同事们对症下药，为女孩们的家庭提供咨询服务，并劝说女孩们的父母帮助照顾婴儿，支持她们重返学校。目前，朱睿智和同事们的努力开始有了初步的成效，已有20多个女孩陆续回到学校继续学业，社区内少女早孕问题也大为改观。

得益于早孕少女家访的启发，朱睿智看到了基层工作与调研相结合的潜力。过去，朱睿智所在的办公室在工作收尾后很少有进一步的调查研究。但朱睿智坚持进行“科研立项”，基于一线工作，对难民群体中的各类流言和根深蒂固的偏见进行调研。尽管由于各方面条件的限制，在难民社区进行科研项目充满了意想不到的挑战，但她相信，科研产出对于提升难民署的服务能力将大有裨益。她认为，单一的人道主义援助是不可持续的，难民保护的基层工作也需要逐渐转型。如何在基层工作中更加贴近难民的切实需求，为难民的自我发展赋能？这是她始终思考的问题。

旅途回声

从联合国开发计划署驻华代表处到联合国妇女署纽约总部，再到联合国难民署卢旺达难民社区，朱睿智的国际组织之旅跨越了三个大洲。一路走来，这个大大咧咧的北大女孩有很多的“偶然”和“运气”：偶然地看到了联合国开发计划署的招募通知；偶然看到了“北大就业”微信公众号上联合国妇女署实习项目的通知；恰好在毕业季，遇上了契合自身专业的联合国难民署初级专业官员项目……

但这些“偶然”和“运气”，冥冥之中似乎也是她在不同发展方向大胆尝试，在感兴趣的领域不断坚持、努力钻研后的必然。朱睿智在联合国难民署人力资源部的同事回忆：“她（朱睿智）在入职之初就展现了高度的专业性和主动性，在工作量大时仍能保持极高的工作效率，得到了大家的一致认可，而这与她为工作所做的扎实准备乃至对个人发展轨迹的深入思考密不可分。”

在联合国难民署卢旺达办事处，与朱睿智同属P2级别的正式职员年龄多为35～40岁，他们中很多人经历了多年的实习、志愿者或顾问工作后，才得到了正式岗位。朱睿智明白，在结束为期两年的初级专业官员工作后，自己还需要再次迎来“求职季”，但当下，和一群优秀的同事一起做有意义的工作，才是最重要的事情。作为办公室唯一的东亚职员，朱睿智已经和非洲同事们打成一片，当同事们在聚会上跳起非洲舞蹈时，平时自嘲只会跳广播体操的朱睿智也会兴致勃勃地加入。

到非洲开展基层难民工作，在中国还是一条“行人稀少的道路”。不过，朱睿智相信，随着中国在国际社会中展现更多的大国担当，会有更多的中国青年加入国际人道主义事业的行列之中。

如今，那个曾经担心因早孕而悔恨终生的卢旺达辍学女孩，不仅如愿回到了学校，还在期末考试中考了第一名，朱睿智十分欣慰，她说："其实每个个体的每次细微转型，都会让整体变得更好。"她清楚地知道自己工作的意义：让更多人，无论性别、种族与出身，都能免于歧视和暴力，并获得发展的动力与机遇。这也正是她在无限可能中一以贯之的初心。

校友金句

1. 我对很多东西都抱有开放心态，愿意试一试。

2. 其实每个个体的每次细微转型，都会让整体变得更好。让更多人，无论性别、种族与出身，都能免于歧视和暴力，并获得发展的动力与机遇。

孟文婷：
向“冷”而去，一颗“热”心

人物简介

孟文婷，北京大学国际关系学院2016级博士研究生，曾在联合国开发计划署驻华代表处、联合国秘书处人力资源厅实习，曾作为大学生到国际组织实习任职全国巡讲团的一员，在北京、武汉、长沙、南京等多地高校进行主题分享。著有《我与联合国的六年》一书，书中详细介绍了自己与联合国结缘的故事，为有志于进入国际组织工作的同龄人分享了自己的经验和思考。目前，孟文婷已作为联合国初级专业官员在联合国教育、科学及文化组织（以下简称“联合国教科文组织”）巴黎总部任职。

“为什么是联合国？”

再度被问及这个问题，孟文婷的思绪回到了十几年前。彼时的她，还只是燕园里一名普通的大三学生，和大多数同龄人相似，即将走到人生又一个十字路口。如果不是因为一次科研经历的机缘，她或许不会与联合国产生交集。

孟文婷

燕园 · 缘起

孟文婷与联合国的故事，开始于2011年的一次学术调研。初出茅庐的她，怀着北京大学国际关系学院一直倡导的“爱国关天下”的满腔热忱，与队友一起在学院王逸舟教授的悉心指导下，以“中国的联合国研究”为主题，对国内改革开放以来关于联合国的研究进行了梳理和评述。在项目开展的一年时间里，大家在王逸舟教授的引荐和支持下，对国内联合国研究人员进行了大规模的深度访谈，并对“联合国事务的中国参与”进行调研归纳。

最后，这一研究成果不仅斩获了第20届北京大学“挑战杯”五四青年科学奖竞赛一等奖，相关的论文也得以正式发表。然而，比起所获得的种种荣誉，更让孟文婷珍视的，是项目开展过程中所接触到的联合国研究领域的专家学者，如对“拨乱反正”的联合国往事侃侃而谈的李铁城教授、对维和问题有深刻见解的李东燕老师、对联合国事务有着独特视角的“老牌驻外记者”钱文荣先生……在与前辈们交流的过程中，孟文婷渐渐意识到，对联合国的研究若仅仅停留在他人口述这一层面，终究还是纸上谈兵。

“如果你想做好联合国研究，就应该亲自去看一看。”来自联合国学者和工作者们的鼓励更加坚定了孟文婷前往联合国组织内部看一看的念头。

到联合国驻华机构实习是第一次走进联合国再合适不过的选择。孟文婷从学姐处得知，联合国开发计划署驻华代表处正在招募实习生，她毫不犹豫地提交了申请并通过了面试，成为一名实习生。在联合国组织内的第一份实习工作充满了新奇和趣味，孟文婷全情投入也收获颇丰。

本科时光一晃而过，对孟文婷而言，这一阶段最宝贵的收获无疑是初步明确了自己努力的方向。毕业后，孟文婷离开熟悉的师友奔赴上海读研，但她关于联合国研究的热忱和兴趣，未曾因为身处环境的不同而改变。

纽约·初遇

“我硕士阶段关注的主要是联合国儿童与武装冲突规范、妇女和平与安全规范之间的传播差异，之后我也是带着这一议题前往哥伦比亚大学进行访学研究的。”

2015年，还在念硕士的孟文婷带着研究议题飞往大洋彼岸的美国纽约，在哥伦比亚大学进行了为期8个月的访学。安顿好入学、生活事宜之后，她便应朋友之邀迫不及待地前往了向往已久的联合国总部参观。

因为不熟悉路线，原本一刻钟的路程，孟文婷整整走了一个小时。在她关于联合国的记忆里，联合国大楼应是明丽而活泼的，但不知是否出于阴雨的缘故，她只觉得初见的一切都是饱经沧桑的模样。在朋友的带领下，孟文婷快步走进总部大门、大会堂、安理会……她兴奋得像个孩子，一边走一边合影，想要记录下在这里的每一秒。安理会的会议厅旁有个小型新闻发布台，是安理会轮值主席发布媒体简报的地方。作为一名游客，当时的孟文婷只能站在护栏外与联合国大楼合影。她在心中暗想：只有成为其中的一分子，才有机会真正地了解栏杆之内的联合国究竟是什么样子。

学生时代，进入联合国的最佳路径就是申请实习岗位，然而这一过程并非一帆风顺。孟文婷先在联合国官网上查找实习岗位空缺，并按照要求在Inspira系统填写了申请；她还去联合国附属机构的网站找招聘信息，发邮件、投简历。然而，先前在上海联合国研究会兼职两年，自认为已对联合国了解颇多的孟文婷没有想到，一封封简历竟如石沉大海般杳无音信。

直到两个月后，一个机会才悄无声息地到来。时隔多年，孟文婷依旧清晰地记得，2015年6月2日，那场“夫人外交”① 是怎样让她叩响了联合国的大门。当时，孟文婷应朋友之邀，参加了在联合国纽约总部北草坪举行的“国际义卖”，来自各国的特色产品被展示售卖，所筹善款也将被捐赠给联合国儿童基金会。

活动接近尾声时，一位组织者与孟文婷随意聊起自己所在的办公室外联处正在招募实习生，孟文婷当即询问这份工作的岗位性质和主要内容。社交平台账号运营、熟练使用中文等要求就如同为她量身定制一般，她毫不犹豫地自荐并表达了尽快入职的意愿。结果，孟文婷顺利拿到了offer，不到半个月的时间，她就以实习生的身份正式跨入了联合国的大门。

孟文婷在联合国总部实习时

---

① 由联合国官员夫人们组成的妇女协会开办的活动，团长是时任联合国秘书长潘基文的妻子柳淳泽女士。

在联合国总部近半年的实习经历中，让孟文婷印象最深刻的莫过于联合国成立70周年大会，她有幸成为大会的志愿者，在现场聆听了中国国家主席习近平在大会堂的两次讲话。在可持续发展峰会上，习近平主席第13个发言，后续发言的几个发展中国家领导人排起长队依次与他握手致意。当时的场面深深震撼了孟文婷，在过往的人生里，她对祖国国际地位的认识和了解都只停留在新闻和书本层面，这是她第一次切身感受到国际社会对中国的尊重和认可。油然而生的民族荣誉感与自豪感使她更加坚定了自己的目标：不仅要成为一名出色的联合国研究者，更要成为联合国系统内能够代表中国、能够向世界展现中国风采的青年人。

非洲·体悟

实习结束后回到祖国，即将硕士毕业的孟文婷再次站在了人生的十字路口。此时的她早已褪去最初的稚嫩和迷茫，持续的努力让她从一个对联合国仅略知一二的大三学生，成长为能够对“联合国的中国参与”如数家珍的研究者。带着明确的对“联合国维和行动与中国参与”的研究兴趣，孟文婷被高分录取为北京大学国际关系专业2016级博士生，而她的博士生导师，正是五年前指导她完成挑战杯项目、带领她初识联合国的王逸舟教授。

作为孟文婷的恩师和一直以来的指引者，王逸舟教授谈起自己的得意门生时，毫不吝啬地给予了孟文婷肯定和赞赏。在他看来，孟文婷身上有许多闪光点：热忱、坚持、将理论与实践相结合，以及始终如一的谦逊。他说：“无论自己取得了什么样的成绩，在待人接物上，我从未看到文婷沾染骄娇二气，她始终能够虚心地向他人请教，这是难能可贵的特质。”

重回燕园的日子，孟文婷没有停留在研究领域的文献阅读和论文发表上，而是深入维和研究的一线。2019年，时值农历春节、举家团圆的日子里，她独自一人带着“中国参与和平建设”的议题赴南苏丹开展考察。她说：“虽然在北京也见过一些南苏丹研究的学者，但还是想去实地看一看。”

孟文婷（左三）于南苏丹朱巴大学调研

南苏丹是世界上最年轻的国家之一，也是世界最不发达国家之一，其交通、医疗卫生、教育等基础设施以及各类社会服务极不完善，许多商品只能依赖进口，生活物资严重匮乏。在这里，基本生活需要难以得到满足，地区矛盾冲突连续不断，人身财产安全也难以得到保障。对孟文婷这样一个“异乡学者”来说，这里并不是一个适合参访体验的地方。但孟文婷坚信，只有亲身置于其中，才不会囿于冷冰冰的文字描述，才能全面了解南苏丹国民最真实的生存现状，才能真正读懂中国参与和平建设的非凡意义。

孟文婷在非洲一待就是一个月。这期间，她第一次在专业领域内实践社会学“民族志”式的研究方法，深入到地方性情境中，去观察和体会当地人的生活，由此进行学术分析，这无疑是一次全新的尝试和突破。在这里，她认识了许许多多有趣的南苏丹朋友，从普通的年轻大学生，到人到中年的公务员，再到民间公益组织的热心参与者……这个新生国度的未来尚晦暗不明，但作为个体的他们仍然保持着积极乐观的心态，努力改善自己的生活，竭尽所能为国家做出实质贡献。这种从个体身上迸发出的生机让孟文婷深感震撼。

非洲之行是孟文婷人生中的一段奇遇。此前，除了访学赴美，孟文婷大部分时间都生活在国内，祖国安全、舒适的生活环境让她能够安心投入自己的学术事业。而在物资相对匮乏、每天仍要警戒战火突袭的冲突地区，个体生理与安全的基本需要尚且难以得到满足，追求梦想便成了一种奢侈。这段经历更坚定了孟文婷对学术的追求。

支持・启程

回首十年，从对联合国单纯的好奇，到冷静客观地分析与审视，再到努力践行其理念，孟文婷对联合国的认识日益全面，她也在不断探索和试错中找到了最适合自己的成为联合国“编内人员”的方式。2021年6月，孟文婷通过联合国初级专业官员项目的层层选拔，成为联合国教科文组织的一名正式职员。2021年9月，孟文婷正式奔赴巴黎开启新生活，虽不是第一次来到巴黎，但以工作者的身份在此浪漫之都驻足，孟文婷也有着别样的期待和欣喜。

孟文婷说："我入职的部门是教科文组织的信息与传播部，主要负责媒体发展工作。"孟文婷负责的工作分为两块：一是媒体与信息素养，即通过开展工作坊和开发媒体素养课程的形式，提升人们在数字化时代的信息辨识能力；二是媒体发展，即通过有效途径促进媒体更加客观公正地报道新闻。比如，俄乌冲突导致大批乌克兰难民涌入周边国家，素来以"思想实验室"著称的联合国教科文组织也加入了援助难民的实际行动当中，建立了乌克兰难民援助电台，记者用乌克兰语播报新闻，讲述难民的心声；并为离散家庭提供信息，帮助难民家庭团聚。电台采用中立视角呈现难民和移民生活状态，几周内在社会层面上就得到了更多的理解与响应。站在世界的舞台，为更多人发声，这正是孟文婷到联合国工作的初心。

生活虽然忙碌，但孟文婷已经习惯了这种忙碌的状态。初到巴黎时，她也曾因背井离乡和文化差异而感到孤独与迷茫。与自由随性的学生时代不同，多线程并行的工作对高效和实效提出了更为严格的要求。然而在紧凑的工作之余，孟文婷认为自己对职业发展的探索仍会在研究与实践中穿梭，而不是仅仅在某一条路上前进。她说："我还是想在这里把我的研究继续推进下去。"

脱离了学生时代的科研和毕业压力，孟文婷与研究者的身份产生了更纯粹的契合。国际组织有内部留存的珍贵资料，近水楼台的她更有机会对此一探究竟。结合一线工作同事们的口述信息，从国际组织研究的"局内人"视角切入，探求国际公务员的职业胜任力，是她想要继续探究的方向。

如果说去联合国工作的理想是孟文婷一路走来的风帆，无论何种困难，都从未让她停止乘风破浪，那么，在她身后默默提供支持的，则是家庭这一温馨的港湾。身边的同龄人大都已经工作，而孟文婷选择了继续深造，父母始终如初的理解与支持是她一直走下去的动力。北上求学多年后，孟文婷已飞往世界的另一端，在更广阔的国际舞台工作。追梦之旅的另一面也意味着与家人分隔两地。作为独生女的她，也的确有过顾虑，但父亲的一句话给了她无畏前行的温暖与勇气："在孩子的世界里，父母扮演着三种角色，有三种使命：第一是赋予孩子生命，第二是抚养孩子，第三是与孩子共同成长。"

孟文婷说："当你选择了国际公务员这个职业，就应该有流动起来的自觉意识，在一个岗位和地区积累工作经验，然后再到更需要你的地方去。"虽说父母在，不远游，但对怀揣理想抱负的青年人来说，"游必有方"或许更为恰当。

期待·未来

孟文婷说："我是1990年出生的，我总觉得90后是和中国一起走向世界舞台中央的一代。"

向"冷"而去，一颗"热"心。她说："在国际舞台上，我的专业领域，包括我现在所研究的方向，还比较缺乏来自中国的声音。我希望自己能有机会走到更广阔的舞台上，既代表中国青年，同时也作为世界公民，投入所热爱并愿意终生为之奋斗的事业中去。"

孟文婷所入职的联合国初级专业官员项目是任期两年的短期项目，并不能说是一份"稳定"的工作，期满后她又必须再度开启新的职业生涯，之后的一切，仍是未知数。但比起平平淡淡既定的人生，热爱自由与探索的她更想给自己的未来保留一份神秘感。她也相信，自己能够沿着中国参与维和建和的研究思路继续走下去，向世界提出中国的和平方案，让研究反哺实践。

当你选择了国际公务员这个职业，就应该有流动起来的自觉意识，在一个岗位和地区积累工作经验，然后再到更需要你的地方去。

赵雅婷：
韧劲与弹性，国际发展与人权工作的十年

人物简介

赵雅婷，北京大学外国语学院法语系2007级本科生，并获得社会学双学位，纽约大学公共管理学院国际发展政策方向硕士。曾于联合国开发计划署纽约总部实习，后任职于联合国开发计划署驻华代表处，先后担任项目监控评估官员和南南合作项目协调官员。2019年通过联合国初级专业官员选拔加入联合国难民署，先后在约旦从事叙利亚难民保护项目管理工作、伊拉克库尔德地区流离失所者和难民保护项目工作。现在联合国难民署也门办公室负责项目战略调整。

“你们把蚊帐直接发给我们就好，为什么还要浪费时间讲解蚊帐的用法？”2012年，加纳的村民们曾经烦躁地质问作为义工的赵雅婷。

在加纳参与义工项目时，赵雅婷和项目组其他成员负责给村民发放募捐买来的蚊帐，并宣讲蚊帐的用途。然而村民们对于宣讲却不感兴趣，只想直接拿到蚊帐。

当时的赵雅婷并不知道，蚊帐，在国内再常见不过的日常用品，对于加纳的村民而言是懂得使用却难以获得的珍贵物资。几年后，当赵雅婷在纽约大学攻读国际发展政策方向硕士时，她意识到，加纳义工项目中的诸多挫折反映了国际发展的本质：“国际发展是屡败屡战的修修补补，所有成功或失败的尝试都是为了更好地实现目标。”加纳的蚊帐，也让赵雅婷结下了与国际发展学科的不解之缘。

在尝试中找到方向

在北大的本科四年间，像许许多多同届学生一样，法语系和社会学系双学位的赵雅婷忙于学业，同时享受着自由充实的学生生活。对于未来的职业，雅婷并没有明确的规划。

二十岁出头的年纪充满无限可能，但赵雅婷认为，职业的选择归根结底是生活方式的选择，完全靠着学生时代的想象，不去体验不同行业就贸然走上一条职业道路，是对生活的不负责任。回顾来时的路，赵雅婷觉得自己是“走一步看一步”。毕业后的赵雅婷也并没有明确的职业规划。于是，从不断尝试开始，赵雅婷在实践中检验着自己与不同行业、不同生活方式的契合度。

初出茅庐，赵雅婷曾在一家企业工作。有人认为职场新人是一张从零开始的白纸，书写的权力不在自己手中。但赵雅婷不以为然。本科的学习经历为她铺上了一层底色，也激发了她对法语和社会学专业背景的强烈归属感。然而她珍视的这层底色，在第一份工作中却无法派上用场。

学无可用的困惑促使她萌生了再度出发的想法。与刚毕业时不同，赵雅婷对于自己的职业选择有了更多理解，她期待积累更多知识与经验，更期待将所学应用于工作。从工作了两年的单位离职后，她收拾行囊，奔赴大洋彼岸的纽约求学。

在纽约大学攻读国际发展政策方向硕士期间，赵雅婷找到了自己对于国际发展事业的热情与信念。本科时期，赵雅婷曾在社会学体系中学习发展议题，而纽约大学国际发展学科的设置，既延续了赵雅婷对于发展议题的兴趣，又从跨学科的角度为她提供了丰富的知识。在学习了诸多国际发展项目后，赵雅婷意识到，一度让她沮丧到不敢回想的加纳义工经历，提供了一个何等鲜活的案例。赵雅婷很感激加纳当地人的真诚，正是因为他们没有过度“保护”年轻的公益者流光溢彩的幻想，她才通过这次义工经历明白，国际发展是不断失败、不断改进，直到实现目标的事业。公共政策领域的著名学者默多克（Jonathan Morduch）教授曾告诉她，不被现实的合理性击垮，并不断尝试，也是研究者工作的意义。这与赵雅婷在不断试错中寻找人生道路的态度不谋而合。

克服了过去参与公益活动时患得患失、希望功不唐捐的心态，赵雅婷更加开放和坦然地面对国际发展的研究实践。读研期间，她两次前往非洲，开展南非微型金融和肯尼亚中资企业社会责任研究项目。这两次研究经历让她明白，科学的项目机制设计并非药到病除的灵丹妙药，只有放下先入为主的优越感，深入地了解当地社会需求，才能真正解决问题。

国际发展作为职业

从肯尼亚回到美国，赵雅婷进入联合国开发计划署纽约总部发展政策局实习，这也是她第一次进入国际组织工作。已经全职工作两年并在读研期间经历多段实习的赵雅婷，对于未来职业的期许更加清晰。她认为，职业发展是对人生意义的探索。正因如此，她在高度投入工作的同时，也希望这份工作是有意义、值得信仰的。

在联合国开发计划署，赵雅婷看到了工作的意义，从而坚定了自己未来在国际组织工作的职业方向。在联合国开发计划署，她的日常工作更偏向研究型，主要是协调调研项目，参与数据分析。这与赵雅婷的学术背景高度相关。赵雅婷在课堂上所学的性别平等、全球治理等议题，也是联合国开发计划署乃至整个联合国系统的工作重点，这让她收获了学以致用的满足感，更看到了将专业背景与职业发展相结合的广阔前景。

此外，赵雅婷在联合国开发计划署的同事们也让她受益匪浅。她说，从联合国开发计划署到后来进入联合国难民署，自己身边总是围绕着一群具有“成长型人格”的同事，大家志同道合，会在日常交流各自的学习计划和读书进度，激励彼此成长。国际组织主流的成长型环境高度契合了赵雅婷个人发展的需求。

在寻找有信念感的工作的同时，赵雅婷基于以往工作与实践的经历，能够更加理性冷静地作出职业选择。国际组织的工作虽然存在弊端，比如日常工作琐碎、不同部门风格迥异，等等。但她清楚地明白，没有十全十美的工作。横向对比可行的职业路径，她逐渐确信，做国际公务员是一条最适合她的道路。

硕士毕业后，赵雅婷抓住了联合国开发计划署驻华代表处的工作机会，回到北京担任项目监控评估官员，随后转为南南合作项目协调官员。项目管理、捐助者报告（donor reporting）和研究工作，组成了她在联合国开发计划署驻华代表处工作的三条主线。在联合国开发计划署驻华代表处工作的四年间，她发挥自己的国际发展专业背景的优势，参与了多个发展项目的管理协调，协助联合国开发计划署加强与中国、第三方国家的三方合作。

2016年联合国开发计划署、中国商务部与马拉维政府合作发起的马拉维“小额赠款计划”令赵雅婷印象深刻。得益于小额赠款计划，马拉维灾害频发区的五个社区组织和一个民防委员会建立了四个避灾疏散中心和两座防洪水坝，2.3万人因此受益。这个项目也促进了联合国开发计划署与中国商务部之间的经验交流，联合国开发计划署向中国商务部介绍了项目由当地群众参与规划、满足当地社区需求的“参与式社区发展”模式，这与以往完全由政府主导的援助模式有所不同。在与中国商务部的沟通中，作为联合国开发计划署项目官员，赵雅婷对中国双边援助项目有了更多理解。

发展与人权的结合

在联合国开发计划署驻华代表处的工作告一段落后，赵雅婷通过国家留学基金管理委员会资助的联合国初级专业官员项目选拔，于2019年远赴约旦，负责约旦境内两大叙利亚难民营的基础物资供应、营地维护及援助现金化等项目。后因中东战争局势恶化，赵雅婷被抽调到伊拉克北部库尔德地区参与紧急救援。

赵雅婷在约旦（图片来源：联合国难民署互动社区）

联合国初级专业官员项目竞争激烈，赵雅婷之所以能从将近三千名申请者中脱颖而出，不仅是因为她在联合国系统内积累了丰富的经验，也得益于她对国际发展学科方向的不断观察与反思。在以往的项目管理工作中，赵雅婷始终从发展视角出发，关注项目的长线效果和意义评估。与此同时，将发展视角引入人权工作，已经成为联合国难民署改革的重要篇章：短期的人权保护、人道主义救援应当与长期发展工作对接。赵雅婷敏锐地意识到，将发展视角与人权工作结合，是她的专长，也是她希望从事的方向。

凭借着扎实的学术背景和丰富的工作经验，赵雅婷将自己的职业发展与联合国机构改革路径结合，顺利通过选拔，成为联合国难民署的一员。从联合国开发计划署的发展项目到联合国难民署的难民保护项目，赵雅婷杰出的项目管理能力使她顺利地完成了工作转型。

赵雅婷将为期两年的联合国初级专业官员工作形容为“管培生”式的训练。尽管赵雅婷此前并没有难民工作的经验，但她从联合国难民署最标准的难民保护项目（如难民营地管理、物资发放、社区建设）开始，在一线直接参与项目管理，边做边学，逐渐理解了机构的工作方式和难民工作的行动逻辑。

赵雅婷在约旦难民营负责的援助现金化项目采用了联合国难民署在长期摸索中总结建立的援助模式。为了设计和实施更加人性化的现金援助，赵雅婷和同事们对难民进行了多次家访，收集了大量资料，让难民们能够用援助款灵活地购买符合自己家庭情况的生活用品。此外，赵雅婷还根据难民家庭的情况，发放物资购买建议清单，有针对性地提出物品数量和种类上的建议。她说：“这不仅是我们项目专业性的体现，也是尊重难民的个人选择的体现。”

在赵雅婷看来，如何让个体拥有更多选择权，是人权的议题，也是发展学的重要主题。在约旦和伊拉克难民营的一线工作，让她对社会运转有了更深刻的领悟。在学生时代和在联合国难民署工作期间，尽管有许多一线调研、项目协调的工作，但赵雅婷觉得自己大多数时候像一个远距离观察的研究者。怀着社会学的警觉性和白羊座的好奇心，赵雅婷一直期待着能更多地参与一线工作，深入了解其他国家的运转。在联合国难民署，赵雅婷能够接触外国政府高级别官员和有难民保护经验的当地员工，这为她提供了深入了解当地社会的绝佳机会。

赵雅婷（右）和联合国难民署的同事（图片来源：联合国难民署互动社区）

担任联合国初级专业官员的两年间，赵雅婷对联合国难民署的运作逻辑、项目管理模式有了完整的了解，同时，她也看到了自己在人权领域的知识短板，于是她抓住一切机会主动学习。在全球新冠疫情暴发后，赵雅婷从伊拉克回到北京远程办公，并重拾自己对法学的兴趣，完成了北京大学法学院人权与人道法研究中心与瑞典隆德大学瓦伦堡人权与人道法研究所共同开设的人权法硕士项目的学习。

联合国初级专业官员工作结束后，2021年8月，赵雅婷再次启航奔赴远方。这一次，她的目的地是联合国难民署也门办公室。不同于以往直接参与一线项目管理工作，赵雅婷在联合国难民署也门办公室主要负责项目战略调整，寻找在人权工作中引入发展视角的可能性。基于对以往项目的评估分析，赵雅婷和同事们与其他联合国机构、非政府组织举办工作坊，从而形成对当前项目工作模式的调整方案，帮助项目更好地实现可持续性。“博观而约取，厚积而薄发。”结束了“管培生”式训练的赵雅婷，将继续乘风破浪，在实践中将发展和人权事业相结合。

在联合国难民署的工作之外，赵雅婷也担任了北京大学学生就业指导服务中心国际组织职业生涯咨询师。她说，虽然国际组织仍然是一个小众的就业方向，但是如今中国对于国际组织就业的投入力度，相较于2014年她初入联合国开发计划署实习时要大很多。赵雅婷在联合国难民署的联合国初级专业官员项目也获得了国家留学基金管理委员会的资助。她鼓励学弟学妹们多参加实习实践，尝试自己感兴趣的领域，找到最适合自己的职业道路。选择国际组织作为就业方向，意味着更高的平台、更强烈的使命感，但同时也要做好面对艰苦环境和琐碎工作的准备。

赵雅婷很喜欢苏轼的一句诗：“人生到处知何似，应似飞鸿踏雪泥。”在她看来，这句诗代表着敢于承认生活存在随机与失望，同时对自己的生活负责的态度，而这也正是她的人生态度。

1. 国际发展是屡败屡战的修修补补，所有成功或失败的尝试都是为了更好地实现目标。

2. 从不断尝试开始，赵雅婷在实践中检验着自己与不同行业、不同生活方式的契合度。

3. 选择国际组织作为就业方向，意味着更高的平台、更强烈的使命感，但同时也要做好面对艰苦环境和琐碎工作的准备。

曾文洁：

从贫困村到“理想国”

人物简介

曾文洁，北京大学国际关系学院2016级硕士研究生，曾担任联合国开发计划署实习生和中国美国商会实习生，2011—2016年作为四川省委组织部“选调生”担任南充市某省级贫困村副书记，现为世界自然基金会北京代表处高级项目官员。

基层岁月

2011年夏天，曾文洁于西南财经大学财政学专业毕业，身边的同学们大多选择到银行券商等既高薪又光鲜的金融行业工作，她却“逆流而行”，毅然前往（四川）南充成为了一名基层干部。南充历史悠久，环境优美，但对于曾文洁个人而言却是一个陌生的小城市。她说：“成都有很多可以选择的岗位，但我更愿意去不那么发达的地方试一试。”这一选择的背后是来自家庭的深远影响。

曾文洁的奶奶是20世纪50年代的大学生，也是20世纪80年代第一批通过法考的专业工作者。她在退休后没有放弃专业，成为一名公益律师任职于当地的法律援助机构。爸爸曾是一名地质工作者，经常要去野外勘测考察，每次出差归来都会为曾文洁讲述自己所经历的万水千山与人间冷暖。长辈们告诉曾文洁，并非所有人都像她一样拥有良好的学习和成长环境。在一些经济落后的地方，有许许多多的孩子买不起玩具，吃不起麦当劳，甚至连上学都成问题。在家庭环境的熏陶下，曾文洁从小便关心公共事务，对困难群体尤为关怀，希望有一天能通过自己的努力切实地帮助到有需要的人。

曾文洁等到了这个机会，在通过四川省的选调生考试后，还有些青涩稚嫩的她选择前往南充从事基层建设工作。

在南充的一千多个日日夜夜里，曾文洁倍感充实，她常常忙碌到半夜才休息，却从不觉得辛苦。精准扶贫工作启动以后，她既要完成在区委宣传部的日常工作，又要下乡参与扶贫项目。为了帮助乡亲们脱贫，她和村里的年轻人一起搭建起电商平台，在网上卖起了土特产，帮助村民将当地的柑橘、核桃和家禽卖到城里，帮他们找到了销路。同时，她和同事们注重品牌效应，为当地农产品设计了“专属IP”，扩大知名度，进一步拓宽了销售渠道。在她和许许多多同事们的共同努力下，乡亲们的腰包也慢慢鼓起来，生活越来越好了。

五年的时光如白驹过隙，基层工作对初入职场的青年人来说是非常难得的锻炼，当时的曾文洁并不会想到，当她转向另一段职业轨道以后，这段基层工作经历会成为她职业生涯中难以复制的一个亮点。在南充工作的几年时间里，曾文洁连续三次荣获“优秀公务员”称号，被记三等功一次，她用自己的满腔热忱和勤恳努力赢得了同事和乡亲们的尊重和信任。

北上深造

扶贫工作渐渐走上了正轨，村民们的生活越来越好。基层岁月虽然充实，但曾文洁总觉得缺了点什么。“工作越来越顺利，我内心却隐隐开始不安。可能是因为每天的工作内容千篇一律，挑战越来越小。”辗转反侧多日，她做出了一个出人意料的决定：辞职读研。

出于对公共事务的满腔热爱，也因为充分的准备和丰富的工作经验，曾文洁成功考上了北京大学国际公共政策专业的研究生。但她深知这份录取通知书只是为她推开了一扇门，往后的路还得踏踏实实地自己走。

在北大的两年学习生涯中，曾文洁的学习成绩高居专业第一，获得了国家奖学金、北京大学研究生科学实践创新奖等荣誉。除了认真听课，曾文洁更注重独立思考，努力从课程中汲取最多的养分。在查道炯教授开设的“能源的国际政治经济学”课上，老师将课程内容延伸到全球化议题研究，并鼓励同学们通过多元化专业背景和不同的视角来研究全球化议题。这门课打开了曾文洁的思路，鼓励她把自己财政学本科的专业背景和过去的基层工作实践一同带入对全球化议题的思考中，也让她更有动力去补足自己在国际关系方面的知识短板。这些都让曾文洁觉得自己摸到了国际政治、国际关系学科的“门”，也为她毕业后进入世界自然基金会从事项目管理工作打下了一定基础。

诚然，学术理论只是起点，如何将其运用到实践中才是真正的挑战。于是，从研一下学期开始，曾文洁便不断向国际组织投递实习简历。为了得到录用机会，她坚持参加相关的经验交流会，主动向往届的学长学姐咨询，还请外教一起讨论修改自己的简历和个人陈述。功不唐捐，经过层层选拔，曾文洁最终收到了联合国开发计划署的录用通知，前往其驻华代表处的减贫、平等与治理处实习，从事大数据减贫与普惠金融研究。

曾文洁在联合国开发计划署驻华代表处实习时

课业和实习的双重压力使曾文洁一度难以招架，但她很快就找到方法适应了这种高强度生活。她把课程尽量安排在晚上，由此一周可以腾出四天时间实习，周末则专注于复习功课，完成课后作业，并花大量时间阅读行业资料以及进行相关的写作练习，以此提升自己的文字水平。到了寒暑假，曾文洁则全职投入联合国开发计划署的工作中，这种“拼命三娘”般的执着与投入，让她短短数月内就独立完成了对联合国支持的48家小额信贷机构的调研工作。与此同时，她还协助完成了联合国开发计划署与中国商务部合作扶贫项目的电商扶贫研究报告，以及关于减贫、性别平权、慈善与公民社会等议题的文件翻译等日常工作。

“我没有感到很辛苦，相反，我觉得乐在其中。”曾文洁说。在她看来，联合国开发计划署实习生的项目参与度很高，虽然工作繁忙，但氛围很轻松，无论是在工作中，还是在闲暇交流中，都能遇到很多有意思的人和事，驻华代表本人甚至会和实习生一起吃饭聊天。联合国开发计划署驻华代表处就像一个大家庭，曾文洁一开始不太习惯全英文工作环境，同事和领导便不断给她打气加油，“Take it easy!”，并主动帮助她解决问题，这令曾文洁非常感动。没过多久，她就和同事们打成一片了。

曾文洁说：“这段实习经历带给我的成长是全方位的。”忙碌的日程促使曾文洁合理分配时间，在学业和工作中寻找最佳平衡点，她学会了更有条理地处理工作，也明白了如何最大限度地发挥自己的优势。借助联合国开发计划署的平台，曾文洁深入参与了与国家部委合作的大型项目，由此对减贫和性别平权等领域有了深入的思考和研究。

再 入 职 场

从北大毕业后，曾文洁并不急于开始工作，相较于漫无目的地“广撒网、多捕鱼”，她更愿意等待机会、直指目标，但也由此陷入了长达半年的职业空窗期。回首这段往事，曾文洁不免有些唏嘘，她说：“入职国际组织的机会相对来说比较少，其中与自身能力及期待契合的机会就更少了。我每天可以准备十份简历，但可能整整一个月只有一个相对比较合适的岗位。”在这六个月里，曾文洁参加了许多国际组织的招聘活动，投出过无数封简历，一次次的杳无音信也曾让她感到迷茫和无助。

求职过程中，令曾文洁印象深刻的是某金融经济类国际组织的一次面试。在通过笔试和电话面试后，她信心满满，认为自己既有丰富的工作经验，又有财政学和国际公共政策双重专业背景的加持，应该十拿九稳。然而当她抱着必胜的决心走进机构所在的高级写字楼后，却在面试中迎来了当头一棒，她说："聊着聊着，对方突然问我对中美贸易发展前景的经济学分析。当时我心里就咯噔了一下，心想原来他们是想招一个学术研究型人才。"随着求职经验的逐渐丰富，曾文洁发现这种情况并不罕见，招聘启事上没有说明的要求常常导致应聘者过关斩将走到面试环节时，才发觉实际工作内容与自己的理解相去甚远。虽然过程曲折，但曾文洁心中的信念并没有丝毫动摇，小小的火苗反而随着时间的流逝愈燃愈烈。那次求职失利之后，她迅速调整心态，一边更加仔细地搜集相关信息，一边抓紧时间提升专业素养。

曾文洁在世界自然基金会时

或许幸运总会更关照努力的人，曾文洁坦言世界自然基金会的工作机会是一个意外之喜。她说："我原以为世界自然基金会完全是一个环保类科研性质的机构，所以压根儿没想过自己可以到这里工作，觉得肯定不对口。"而她真正走进世界自然基金会之后，才知道原来这个环保组织除了从事研究之外，还开展形式多样的生物多样性保护项目。环境和生态学学术背景的同事们一般从事生态保护类工作，而曾文洁所在的可持续食物消费与绿色供应链项目组则更多地聚焦于供应链可持续转型的项目。在一些多国合作共同推动的项目中，曾文洁和她的同事需要努力协调供应链多利益相关方的诉求，致力于合作推动整个市场的可持续转型。

曾文洁在世界自然基金会的工作可以用"异常忙碌"来形容，尤其是在2018年年底她刚担任高级项目官员（Senior Program Officer）的那段时间，她保持着朝九晚九的工作节奏。除此之外，较之于此前主要根据上级安排完成任务的基层工作，曾文洁在现在的项目管理工作中面临着更为复杂的情境，每天都要接触许多新鲜事物，迎接众多挑战，因此需要具备更强的自主性。

曾文洁说："由于时常要与文化背景迥异、工作习惯不同的同事进行合作，相互理解包容、坦诚交流也变得倍加重要。"在刚与某热带地区国家同事对接的那段时间，曾文洁时常为对方的工作进度着急，如果继续拖下去，工作将无法如期完成。正在她着急上火时，与这类地区的人有过多次合作经验的前辈一语道破了"天机"：不发达地区的条件有限，工作人员必须忍耐酷暑，再加上有些工作必须在毫无遮挡的野外进行，其工作效率必然会受到影响。了解缘由后，曾文洁立即调整了工作进度表，也对这些在艰苦条件下依然坚持认真工作的"战友们"充满了敬佩之情。此后，每次与国际同事合作，她都会提前了解对方的工作习惯和文化习俗，比如在跟有宗教信仰的同事进行远程会议时，她会留心不占用对方的祷告时间。这些小细节往往关系到双方的合作能否顺利进行，有时甚至会成为决定项目成败的关键性因素。

初心未改

对于曾文洁而言，国际组织不仅是一个充满挑战的行业，也是一个能让人为之长久奋斗的地方，许多国际组织职员退休后仍不辞辛苦地继续为国与国之间的交流合作东奔西走。从前辈们身上看到的诸多可能性，让曾文洁不愿给自己设限，除了努力在世界自然基金会继续发展之外，她也会积极探索与其他国际组织的交集。

一路走来，曾文洁在每个人生路口的抉择都有些出人意料，光鲜成就的背后是她对梦想的执着与追寻。当遭遇困难或徘徊犹豫时，曾文洁习惯回顾过往的经历：想起童年时被家人“种下”的公共情怀，一头扎进基层工作的青春岁月，在燕园的知识大海里尽情遨游的两个春秋，也想起在焦急等待中度过的半年求职时光。

她说：“过往是勋章也是铠甲！”已迈入而立之年的曾文洁深知成功走不了捷径，唯有坚定信念，方有可能求仁得仁。

校友金句

1. 由于时常要与文化背景迥异、工作习惯不同的同事进行合作，相互理解包容、坦诚交流也变得倍加重要。

2. 过往是勋章也是铠甲！

梁方舟：
回首十载逐梦路，且歌且行且成长

人物简介

梁方舟，北京大学外国语学院2009级本科生，研究生就读于北京外国语大学“国际组织项目班”（现国际组织学院）国际经济与金融方向，读硕士期间被公派至巴黎政治学院留学，2016年同时获得北京外国语大学法学硕士和巴黎政治学院国际公共管理硕士学位。现就职于联合国教科文组织国际教育规划研究所。曾在国际移民组织、经济合作与发展组织、联合国教科文组织终身学习研究所、红十字国际委员会和世界贸易组织等多个国际组织实习或任职。

从北大缅甸语专业的本科生到国际组织的正式员工，梁方舟的旅途从来和“一帆风顺”无关。在一次次的挫败和徘徊之间，或许正如她的名字喻示的那样，梁方舟乘着自己的小船，绕过一块块礁石和一个又一个风浪，努力驶向梦想的彼岸。

求学之路：“又来了一个巴政的病人”

2009年，遗传了母亲的语言天赋、自小喜欢外语的梁方舟作为厦门外国语学校的高中生，通过小语种保送来到北京大学外国语学院。当时，对于高中辅修德语的她来说，德语系无疑是心仪之选。然而由于当年北大德语系无保送生名额，梁方舟阴差阳错来到了缅甸语专业，这个意外的安排成为她精彩人生的序章。

为了圆自己长久以来的德语梦，梁方舟于本科期间继续辅修德语，并成功申请赴慕尼黑大学参加暑期学校。同时，缅甸语专业也悄悄地为她开启了另一扇门：语言天赋和家庭影响让梁方舟自小就有当外交官的愿望，梁方舟发现，缅甸语专业的毕业生有机会通过遴选进入外交部或中共中央对外联络部，成为外交官。然而，老天却给这个怀揣美好梦想的女孩开了个玩笑。大二参加外交部遴选时，梁方舟得知，身为红绿色盲的她无法成为公务员，因为假如在外交场合因为色觉原因无法辨认旗帜的颜色，很有可能酿成外交事故。

色觉测试把梁方舟拦在了外交部的门外，但她就像一艘灵活的小舟，很快就又鼓起了帆，找到了一条蜿蜒的“河道”：在研究生升学时，她偶然发现了北京外国语大学（以下简称“北外”）国际组织项目班，成为国际公务员似乎成了老天爷给她开的另一扇窗。在北外的三年里，她打下了坚实的国际法基础，同时选择了国际经济与金融方向。在读硕士的第一年，梁方舟曾选修了一门世界经济课程，而她的期末论文就是关于世界贸易组织的反向协商一致原则的。在那些赶论文的日夜里，她从未想过，自己将来有一天会真的前往世界贸易组织工作。

作为联合国的官方语言之一，法语在北外的国际组织项目班被列为必修课。抱着锻炼语言并熟悉环境的目的，梁方舟申请了巴黎政治学院的交换项目。五光十色的巴黎生活让她目不暇接，但攻读两个学位和求职的压力却像三座大山一样压在她心头。临近毕业的那段时间，通宵达旦写论文成了她生活的常态，还没来得及睡下，东八区的老师们又发来修改论文的通知。生活被挤压进缝隙，她不幸得了湿疹，去看医生时，医生随口说：“噢，又来了一个巴政的病人。”

2019年，梁方舟（左五）作为世界贸易组织“强化综合框架”秘书处员工，赴埃塞俄比亚出差留影

但咬牙挺过了这样的日子之后，梁方舟发现那段经历带给她的收获远大于痛苦，就像湿疹，只要坚持抹药，总有它消失的一天。巴黎政治学院庞大的校友网络和丰富的学校资源让学生能有与各国政要面对面交流的机会，其强大的社科学术训练也是毕业生未来进入国际组织就职必不可少的锻炼。回望那段经历，梁方舟说：“如果没有去过巴黎政治学院，我今天绝不可能在国际组织工作。”而在那之前，无论是北大让人自由生长的环境，还是北外艰苦而扎实的语言训练，都为她的机遇埋下了伏笔，她说：“我没有后悔过任何一个选择，因为在每一个情境下，我都尽了全力。”

实习：在邮件称谓和发稿时间之间

在北外读硕士的第一年，梁方舟进入了国际移民组织驻华联络处实习。她印象最深的一段经历，是一场关于新出炉的出入境管理法的研讨会。当时，研讨会除了邀请各省级公安部门负责入境的行政官员以外，还邀请了许多国外的专家和学者。两天的研讨会后，她脑海中加粗放大的关键词是“实际”：各方专家将现实事务摆在桌面上一一讨论，各国的现实在语言和头脑中碰撞，形成切实的对话平台。这是她首次理解“全球治理不是一句空话”的含义。在研讨会上，她见到的不是空洞的概念和宣传，而是如何通过国际组织的努力，对某个国家的具体政策起到积极的促进作用。这次实习经历让她得以管中窥豹，了解了国际组织真实的运作方式。

受这次经历的影响，梁方舟到达巴黎政治学院之后，模糊地在心中定下了“在欧洲寻找国际组织实习机会”的目标，很快这个目标就实现了，她获得了经济合作与发展组织教育司的实习机会。由于中国并非经济合作与发展组织的成员国，许多中国同学申请实习时自动排除了这个选项，而梁方舟则在碰巧收到所在专业教学秘书转发的实习招聘通知后，按照要求投递了简历等材料，并最终获得了实习机会。之前在国际移民组织实习时，她并没有太多与成员国交流的经验，而在经济合作与发展组织的工作中，梁方舟第一次体会到了细节中的外交小技巧：给各国代表发邀请函邮件时必须单独发送，当时的主管细心地指点她，哪些人可以以昵称或名字相称，哪些人必须以“××先生/女士相称”，这些细节让她感受到了国际公务员所需的文化敏感和细致周全。

经济合作与发展组织的实习即将结束时，梁方舟心里已经默默定下目标：要在国际组织留下来。但她同样意识到，自己离一名优秀的国际公务员还有不小的差距。临走前，当时的主管给了她非常有用的指导：一个人的能力分为三个维度，即工作态度、人际交往能力和核心能力。找准自己的核心能力，不管是对职业规划，还是对职业发展，都是最重要的一块基石。此前，在一次又一次宣传论坛、撰写新闻稿的时候，梁方舟都需要不断思考在复杂的舆论环境下，如何清楚、准确地传达信息，如何与不同的利益相关方沟通诉求。正是在一次次的邮件往来和按下社交媒体“发送”键的过程中，后知后觉的她才发现这正是自己的核心竞争力所在。

在工作中，了解自己的优势所在是一方面，在面临压力的时候做出顾全局势的选择同样重要。2017年9月初，在联合国教科文组织终身学习研究所担任顾问期间，梁方舟第一次出差赴巴黎参加联合国教科文组织总部的国际扫盲日活动。出差时的工作强度比平时大得多，有时她每天只能睡两三个小时。当年，联合国教科文组织在国际扫盲日上向世界上五个致力于扫盲的项目颁发了国际扫盲奖，其中的三个项目被收录在了终身学习研究所的扫盲实践LitBase数据库中。负责公关工作的梁方舟便提前计划着要在终身学习研究所的网站上发布新闻稿，对这三个获奖的扫盲项目进行介绍，借此推广LitBase数据库。

然而，七八月份所里的同事都在休假，负责数据库的同事直到活动结束的前一天才把初稿发来。按照流程，新闻稿需要公关方面的润色，经过文字编辑校对后才能发表。当天结束了一天工作的梁方舟回到酒店，已经是晚上11点多。她说：“这篇新闻稿在国际扫盲日的活动结束之前发出是最好的，这样，社交媒体上相关的讨论才会比较活跃，很多这个领域的人也会被吸引来关注扫盲活动。我当时想，如果我现在不花时间修改这个稿子，那么这个稿子可能就永远发不出去了。”

最终，她咬牙工作到了半夜三点，然后将润色后的新闻稿发回汉堡，请求同事隔天以最快的速度进行余下的流程，以确保发布，同事们看到稿件“都傻了”，大家没想到会收到一篇发送时间为半夜三点的工作邮件。功夫不负有心人，稿子在第二天顺利发布，并且获得了不错的点击量。

这些年间在经济合作与发展组织、联合国教科文组织终身学习研究所、红十字国际委员会和世界贸易组织等多个国际组织实习的经历让梁方舟明白，不论是在小团队中，还是在大组织里，工作内容不论是承办一场规模盛大的论坛，还是进行琐碎的网站搭建，耐心和积极沟通都是必不可少的。在密密麻麻的日程安排里，梁方舟逐步迈入 “风正一帆悬”的成熟境地。

全职工作：责任的重量和时针的速度

2019年夏天，经过一段时间的实习后，梁方舟在国际贸易组织收到了第一份全职员工合同。如果说实习是不断学习、不断试错的过程，成为全职员工之后，梁方舟感受到了责任和期待的重量。仿佛一夜之间，时针的转速快了几倍，工作计划表也从一页A4纸变成了一本厚册子。做实习生的时候，她每天下班回家还会钻研烘焙，巧克力慕斯、柠檬慕斯和蛋挞变着花样做。但成为正式员工后，每天餐桌上固定摆着的只有“饭扫光”和稀饭。

身份的转换，意味着需要更加独立地完成自己的任务，也意味着需要对高层的项目发展进行及时跟进：原本当实习生时，如果负责的内容是更新社交媒体上的内容，那么在推特上点完“发送”键便收工大吉。但正式入职后，一条社交网络动态发布完毕，梁方舟还需要持续跟进受众反馈。她还感觉自己花了更多的时间在沟通协调上，偶尔会抱怨邮件太多，时间都被切成了碎片，但某天她偶然看到了老板的收件箱，里面赫然躺着867封未读邮件，她说：“看到之后，我就再也不会嫌自己需要处理的邮件多了。我知道我需要高效地工作，需要确定优先级，要学着借助团队的力量，眼观六路，耳听八方。”

梁方舟首次作为负责人出差，是去埃塞俄比亚，这也是她第一次踏足撒哈拉沙漠以南的非洲。非洲很多地方没有铁路。当时，梁方舟前往一个非常遥远的农村，对一个欧洲投资基金资助的养蜂项目进行采风，她需要先从埃塞俄比亚的首都出发坐一个小时的飞机，落地后再坐三个小时的车，然后再骑半个小时的马或步行大约一个小时。当地的初中生上学没有车接车送，只能步行约一个小时去上学。回程的路上，梁方舟和同事们遇到了大暴雨，便到当地人的家里避雨，当地人的房子是用石头盖成的，没有电灯，只有手电筒，当时是下午三点钟，屋内却暗得仿佛夜晚。

那次出差给了梁方舟很大的触动，她说：“很多我曾经认为的实际并不是真正的实际，只是自己的生活经验告诉自己的实际。”在日内瓦的办公室里，大家热切谈论的话题是电子商务、第四次工业革命，但在那个白昼和黑夜混同的石屋里，梁方舟才第一次触摸到“贫穷”的内涵。她回想起八节车厢的北京地铁常常被人“吐槽”荷载过多，可是埃塞俄比亚的地铁只有区区两节车厢。当地人生存环境之恶劣，远在她的想象之外。这也让梁方舟开始更加深入地思考自己工作的意义：世界上的发展援助存在了很久，但是欠发达国家的情况似乎没有特别显著的改变，这样的援助长期来讲真的有效吗？将来如何才能做得更好呢？

如今梁方舟就职于联合国教科文组织下属的国际教育规划研究所，这里致力于让世界上每一位儿童和青少年获得受教育的机会，其工作开展的重点区域恰好就是包含埃塞俄比亚在内的东非地区。与许多人想象中不同，这其实是一份相当具有技术性的工作，比如研究者们需要利用数据技术，参考当地的人口分布以及未来人口增长趋势，为校园选址提供科学的建议，让孩子们的求学之路更加便捷。

经历的梁方舟希望亲历者的见闻能为更多外人所知，在她管理的国际教育规划研究所油管频道，一系列以“We Teach Here”（我们在这儿教书）为题的视频引人注目。东非各国难民营中一半人口是儿童，数量紧缺的教师担负起了重要的教学任务，而他们自身往往也是面临严峻生存危机的难民。视频素材由难民教师们亲自录制，展示了他们工作和日常生活的真实场景：失衡的师生比、短缺的食物、女性教师和生理课程的缺位……这些影像如同一座座桥梁，把当事人的苦楚与坚强直观地展现在世界各地观众面前。

回首：“你以为自己被埋葬，但实际上只是被种植”

回望来路，梁方舟用“意料之外、情理之中”形容自己在国际组织间的辗转旅程。她经历了太多意外：从德语到缅甸语，从北大外国语学院到北外国际组织项目班，从中国到欧洲，她的求学之路可谓一波三折。可她的求职竟更为坎坷：硕士毕业后，她成功申请了国家留学基金管理委员会为期一年的联合国教科文组织实习项目，实习结束后却因预算调整，所在办公室几乎全员裁撤，原本有希望拿到的员工合同打了水漂；随后，她来到位于瑞士日内瓦的红十字国际委员会，带薪实习一年的她依旧未能找到工作机会留下；前往世界贸易组织继续实习半年后，她收获了第一份员工合同，却因为职位的非常设性不得不一边工作一边寻找下一个落脚处。如今，梁方舟又兜兜转转回到了自己国际组织理想伊始的地方——巴黎。

梁方舟并不掩饰自己屡屡碰壁的失望：前往世界贸易组织前，她已经做满两年实习，满足联合国系统初级官员（Professional-2，下文简称P2）所要求的两年工作经验，但仍未找到一份正式的工作。后来，她在联合国教科文组织的一份报告中读到，该机构P2级别员工的平均年龄是39岁，这令她的失落感顿时减了大半。“试想，如果一个人26岁硕士毕业，那么从26岁到39岁的13年间积攒了多少经验？而我当时，只有区区两年而已。”

2019 年夏天，梁方舟在世界贸易组织

然而，“只有两年工作经验”一方面代表青涩，另一方面却代表着未来的无限可能。梁方舟庆幸自己找到的带薪实习能够支持自己活下来，没有给家里太大的压力，可以晃晃悠悠地继续摸索。她说：“接受命运的安排，后面才会发现走过的每一步路都是有意义的。”在之后的工作里，那些在埃塞俄比亚出差时被迫点着蜡烛剪视频，或者熬到后半夜写新闻稿的日子，都变成了一个个感叹号，成为未来顺利化解危机的神来之笔。她说："原来我今天能做到这些，是因为当时我在那里学到了什么。"

因此，梁方舟对未来的多种可能性仍持开放态度。与许多人一味追求稳定工作的选择不同，她认为在国际组织这一领域，过于长久地把自己束缚在同一个岗位、同一条赛道上其实是有风险的。工作的"流动性"反而可以促使自己接触和学习到更多技能，使自己在不断学习中保持竞争力。

当谈及为了在国际组织工作而舍弃的选择时，梁方舟依然感慨良多。在欧洲的五年半里她一共搬过九次家，在国外举目无亲，语言不通，租房、水电、电话、网络等每一个方面都可能出现问题，一切都要从零开始，既要适应新的工作环境，又要处理生活上的琐事。她曾在全职工作的六个月时间里申请过35份工作，最紧张的时候曾经一星期投出四份申请，每一份都要修改求职信和简历。她说："这意味着别的实习生聚会的时候我不能参加，或者周末出去游玩时还得带着电脑改简历。"

梁方舟有时回想起本科毕业典礼那年，每个学院都会喊出自己的口号，而她当年跟着同窗们一起喊出的那句"外院在我心中，世界在我脚下"的口号，其内涵似乎就在这些年的旅途中逐渐清晰起来。当年入学时畅想的那个广阔世界，看似有无限的可能，却又可望而不可及，但梁方舟相信："不要限制自己，如果一年走不到，就再走一年，要看得长远，但同时也要踏实地走好脚下的路。"就像她的微信个性签名那样："有时候你觉得身在黑暗中，你可能觉得自己被埋葬了，但实际上，你是一颗被植下的种子。"

校友金句

1. 在国际组织这一领域，过于长久地把自己束缚在同一个岗位、同一条赛道上其实是有风险的。工作的“流动性”反而可以促使自己接触和学习到更多技能，使自己在不断学习中保持竞争力。

2. 不要限制自己，如果一年走不到，就再走一年，要看得长远，但同时也要踏实地走好脚下的路。

胡超逸：
在国际组织工作的理想与理性

人物简介

胡超逸，北京大学光华管理学院2016级工商管理硕士，伦敦政治经济学院发展政治经济学硕士。先后在红十字国际委员会东亚地区代表处、友成企业家扶贫基金会、亚洲开发银行驻中国代表处等多个国际国内组织供职。2018年通过联合国青年专业人员方案社会事务职类资格考试选拔，现任联合国非洲经济委员会经济官员。

2022年4月，胡超逸即将结束远程工作模式，踏上新的旅程，这一次她的目的地是埃塞俄比亚。在不同类型、不同领域、不同地区的国际国内组织不断尝试和探索了十年之后，她于2021年8月作为青年专业人员入职联合国非洲经济委员会，又一次扩大了自己的舒适圈。在讲述自己的国际组织经历时，胡超逸并没有过多渲染宏大理想和信念的部分，而是不断剖析自己的困惑和遇到的瓶颈，从现实的角度出发对自己的每一步选择进行理性和冷静的思考。

启　程

故事的开始或许在更久之前就埋下了伏笔，但本科第四年可以被视为胡超逸开启国际视野的重要节点。

这一年，胡超逸作为交换生来到英国，并且获得了受学校资助前往迪拜参加“教育无国界”国际论坛的机会。这次经历开阔了胡超逸的视野，让她萌生了在国际交流的道路上继续发展的想法。同时，会议上所探讨的教育贫困等问题也引起了她对可持续发展议题的关注，并影响了她研究生的专业选择。

大四下学期，胡超逸希望能在交换期间申请到英国的研究生名额，然后继续深造。当时她的申请条件与意向专业算不上匹配，因此她并没有十足的把握，但她没有放弃尝试，而是申请了几乎所有排名靠前的英国学校。最后她成功获得了伦敦政治经济学院发展政治经济学硕士的录取通知。这一段经历让敢想敢做成为了胡超逸许多次人生选择的准则，包括后来参加联合国青年专业人员方案（UN Young Professionals Programme，YPP）考试时，有些人在报名之后因为觉得录取率太低而弃考，但胡超逸认为不能轻易觉得一件事情太过遥远，更不能在尝试之前自己先断绝可能性。因此，她在工作之余抽时间准备和参加了所有的考试环节。这一次，敢想敢做帮助她拿到了去往联合国的通行证。

研究生期间对发展问题的探讨让胡超逸更加明确了在国际组织领域寻求职业发展的目标。当时她身边一些有相同志向的同学是工作了一段时间再来读研究生的，他们毕业之后凭借研究生学历和工作经验直接进入了国际组织工作，而作为应届毕业生的胡超逸由于工作经验相对缺乏，没能直接获得国际组织的正式岗位。毕业之际，她一边在国际组织领域寻找短期雇员岗位以积累工作经历，一边给自己定下目标：五年之后能像其他人一样成为国际组织的正式职员。十年之后回顾当初设定的目标，她说："很遗憾我实现这一目标的时间比预期长，但我一直朝着这个方向走，最终还是实现了。"

积　　累

毕业后，胡超逸先后在红十字国际委员会、友成企业家扶贫基金会、亚洲开发银行等多个国际国内组织工作过，工作内容涉及翻译、研究、项目管理、会议管理等多个领域，涉及中国、中亚、非洲等多个区域。"尝试——困惑——改变"似乎是胡超逸在这个阶段不断反复的常态。在与她的对话中，"困惑""迷茫""瓶颈"多次出现在她对自己某段经历的形容中，但紧接着的往往是改变和尝试，是在清醒的思考与自省后作出选择。

对国际组织抱有浓厚兴趣的胡超逸在毕业后加入了红十字国际委员会东亚地区代表处，从事翻译工作。一段时间之后，她感觉到自己的性格可能更适合参与实际项目，因此做出了新的尝试，加入了国内非政府组织友成企业家扶贫基金会。她深入农村开展青年志愿者的教育项目，足迹遍布十几个省市的农村，积累了很多实地开展项目的经验。五年后，她再次感到自己陷入了瓶颈期——对于长期在一线工作的项目官员来说，许多工作是非常具有探索性和实践性的，需要摸着石头过河，但相应地会缺少一些系统性的积累和成长。

在这样一个相对迷茫的阶段，胡超逸做出了修读北京大学光华管理学院公益管理方向工商管理硕士的决定，她想看看是否能拓宽自己的专业知识或者转换一下发展的思路。经济金融相关的专业知识是胡超逸此前从事教育、公共卫生等项目时基本没有接触过的，也是她觉得在北大光华管理学院深造期间最大的收获。为了打好自己在经济金融领域的基础，胡超逸把相关的专业课反复听了两遍，在毕业之后还抽时间继续旁听学院开设的课程。当时的她并没有预料到，自己会凭借宏观经济研究专业，获得在联合国系统内的第一份正式工作。

胡超逸（左一）在友成企业家扶贫基金会工作期间
参加香港青年乡村服务项目（云南丽江）

攻读北大光华管理学院工商管理硕士期间，胡超逸的职业路径也经历了从国内非政府组织向多边开发银行的转变，她开始在亚洲开发银行驻中国代表处担任顾问，最初在知识共享的框架下分享中国在扶贫等领域的经验，后来转向中亚区域经济合作（Central Asia Regional Economic Cooperation，CAREC）这一区域性合作机制，与成员国政府协调部长会、高官会、行业协调委员会、专门工作组等工作机制的运转。除了日常的会议协调、资料收集、政策咨询等工作之外，胡超逸还深度地参与了与职业教育相关的研究项目，通过研究报告的形式将亚洲开发银行在中国开展职业技术教育和培训体系的经验与中亚区域经济合作其他成员国分享。

胡超逸（左一）在亚洲开发银行工作期间进行中亚－中国职业教育经验交流研究项目汇报（新疆）

胡超逸在亚洲开发银行工作期间参加 CAREC 第十八届部长级会议（乌兹别克斯坦）

新起点

在亚洲开发银行的工作使胡超逸积累了政府关系协调和研究报告撰写方面的经验，也为她提供了长期了解中亚地区的机会和平台。但作为顾问，她从事的领域相对聚焦，职业发展和薪酬待遇也不如正式职员稳定，因此她一直没有放弃寻找成为国际组织正式职员的机会。

2018年，胡超逸报名了联合国青年专业人员方案社会事务职类的考试。这个考试是联合国招聘初级工作人员的主要方式之一，由联合国秘书处每年根据各会员国占地域分配的理想员额幅度情况，邀请无代表性、代表性不足或即将变为代表性不足的会员国的有志青年参加考试。

会员国同意参加后，其国民可通过联合国网站报名参加本年考试，成功通过联合国青年专业人员方案考试的人员将被放入储备库，并可能被招聘为联合国的初级专业官员。

联合国青年专业人员方案考试从初期筛选、笔试到面试，各个环节竞争都非常激烈，录取率很低，考核时间也较长。凭借自身充足的积累和勇往直前的执行力，胡超逸一路披荆斩棘，通过了数次笔试和面试，最终在2019年7月收到了录取结果，被列入有效期三年的联合国青年专业人员方案征聘名单，距离成为联合国正式职员仅一步之遥。尽管希望自己能尽快拿到岗位，但几个月后新型冠状病毒疫情暴发，在对全球经济社会造成冲击的同时，也影响了国际组织的工作机制和方式。2020年联合国常规预算工作岗位暂缓招聘，直到2021年2月份，联合国经济和社会事务部才重新放出了一批经济事务岗位，胡超逸申请了所有相关的五个岗位，并在6月份最终收到了联合国非洲经济委员会宏观经济岗位的录用通知。

入职联合国非洲经济委员会宏观经济管理处以来，胡超逸从事的工作基本上是纯正的宏观经济分析研究：运用联合国非洲经济委员会开发的宏观经济计量模型，预测54个成员国的经济增长趋势，编制各国宏观经济季度报告，并在各国开展宏观经济预测和政策分析相关的能力建设培训。

撰写非洲季度经济展望报告是胡超逸入职后接到的第一项常规性工作。尽管在亚洲开发银行工作了五年，但此前她很少深度参与纯粹的经济金融研究项目，而对非洲大陆的不甚熟悉更加提升了这项任务的难度。胡超逸也一度怀疑自己是否能按照要求完成报告的撰写工作，为此还给领导写了一封很长的邮件，提出了很多问题。看到她的困惑，领导打电话告诉她："看到你的邮件就觉得你已经开始紧张了，不过不用太着急，所有人都是从头开始的。季度经济展望其实在之前的每个季度已经有成形的东西了，你可以参考别的同事之前写的内容和用的数据，先学习学习，你能写出来的。"在领导的鼓励和建议之下，胡超逸从已有的数据和相关的文章入手，通过不断的摸索和自主学习，最终完成了季度经济展望报告的编写工作。顺利完成这项任务对胡超逸适应联合国非洲经济委员会的工作起到了很大的帮助，她总结道："很多时候我们无法预判自己会被安排完成什么样的工作，很多不熟悉的事情最开始只能硬着头皮去处理和学习，但即使是看起来难度很大的任务，在现有的成果基础上进行拆解、研究和思考，也能形成大概的完成思路。"经过几个月的工作，胡超逸对非洲国家、主要经济体和主要产业等都有了更深入的了解，在部门领导休长假期间，胡超逸还成为了扛起部门主要工作的人。但她认为自己的很多认识还是纸面上的，只有真正去了实地，才能真正地熟悉部门工作，真正理解真实的非洲。

谈到进入联合国工作之后有趣的事情，胡超逸介绍了一些有意思的"反差"。联合国非洲经济委员会经常会开一些非洲各国财政部长与国际货币基金组织总裁之间沟通交流的会议。尽管这些会议的政治级别很高，但会议的氛围却并不一定很严肃，有时甚至像是各国财政部长唠家常，国际货币基金组织总裁则像在课堂上点名的老师——哪个国家怎么还没来？为什么不给国际货币基金组织发需求？这种会议级别与会议氛围的反差给胡超逸留下了深刻的印象。

胡超逸（会议顶部左二 Chaoyi Hu）在联合国工作期间参加联合国非洲经济委员会和国际货币基金组织合办的与非洲各国财政部长的特别提款权会议（线上）

自　省

工作机构、工作内容和工作方式不断变化，不变的是坚持在国际组织领域工作的毅力。“坚持”也是在被问及个人特质时，胡超逸唯一明确给出的自我评价——“每个人的性格都是不一样的，而且在不同的阶段会发生变化，很难说自己有什么特别特殊的性格特征。如果让我现在说出我的性格特点，我觉得我是一个比较有毅力、能坚持的人。”她的坚持不仅体现在长期服务于国际组织和国内非政府组织，还体现在日常的细节之中。胡超逸从出国留学开始就保持了每天练习英语的习惯，她每天会花大概20分钟时间听《经济学人》的音频，并在脱离文本的情况下跟读。在她看来，语言能力是在国际组织任职的基本能力，能不能在日常工作、会议、活动等场合流畅自如地表达观点非常重要，这可能会直接影响在国际组织的职业发展。因此，她从产生到国际组织工作的想法开始，就把练习英语提到了很重要的日程计划上，并一直坚持了下来。在不断变化的工作环境中一如既往地坚持，是胡超逸得以在这条道路上持续向前的关键。

回顾过往，胡超逸觉得这些年在国际组织的摸索让自己能够从更加纯粹的角度去沉淀和思考工作的意义。“有的时候不需要考虑太多意义方面的问题，其实做什么都很有意义，做公益可能是比较直接地帮助一些人，而私人部门也是在创造财富和价值，归根结底还是一份工作，需要从不同的维度去衡量和选择。”在综合考虑各个方面因素之后，胡超逸反而更加坚定了自己在这条路上继续前行的决心。“在求职要考虑的很多维度中，我觉得兴趣是我非常看重的一部分，我也很明确我自己对发展领域非常感兴趣。每一种职业或者工作都有利有弊，重要的是要有自己的衡量标准。我现在仍然在做国际组织相关的工作，这种选择不仅仅是一腔热血，也综合考虑了发展前景、薪酬待遇、个人成长等很多现实的问题。”胡超逸认为接触国际发展议题，从事国际组织工作并不一定需要从大学一毕业就开始。如果毕业时不具备这样的条件和机会，可以先去一个大的机构锻炼一段时间，那同样是很好的选择，也会对未来进入国际组织、从事国际发展议题非常有帮助。

提到自己未来的发展，胡超逸说自己需要在新的旅程中持续思考。“虽然我终于获得了联合国系统的正式职位，但这也只是一个起点。我之后是不是一直待在联合国系统？要不要一直待在国外？需不需要找机会继续进修提升一下自己？需要考虑和权衡的问题还有很多很多，我现在一个答案都没有，但我会坚持努力去学习和实践，并持续地去思考。”

并且在胡超逸看来，中国目前正处于国际影响力持续上升的阶段，未来在吸引国际组织落户和主导建立国际组织方面还会持续发力，对于想加入国际组织的年轻人来说，这是一个时代的机会。

校友金句

1. 很遗憾我实现这一目标的时间比预期长，但我一直朝着这个方向走，最终还是实现了。

2. 很多时候我们无法预判自己会被安排完成什么样的工作，很多不熟悉的事情最开始只能硬着头皮去处理和学习，但即使是看起来难度很大的任务，在现有的成果基础上进行拆解、研究和思考，也能形成大概的完成思路。

3. 有的时候不需要考虑太多意义方面的问题，其实做什么都很有意义，做公益可能是比较直接地帮助一些人，而私人部门也是在创造财富和价值，归根结底还是一份工作，需要从不同的维度去衡量和选择。

小荷初露

人类命运共同体的未来希望

杜悦悦、孙曼仪、李重达：
在遥远的非洲，埋下一颗可能性的种子

人物简介

杜悦悦，北京大学城市与环境学院2015级博士研究生，2020级博士后。2019年赴联合国环境规划署内罗毕总部实习。

孙曼仪，北京大学地球与空间科学学院2016级硕士研究生，2019年自主申请赴联合国环境规划署内罗毕总部实习。

李重达，北京大学人口研究所2017级硕士研究生，2019年赴联合国儿童基金会内罗毕办事处实习。

当地时间凌晨一点，李重达搭乘的飞机降落在内罗毕机场。和事先联系的司机师傅碰头后，他坐上了车。放眼望去，几乎没有一幢高楼，人们赤着脚行走在满是泥浆的路面上。车子一路拥堵地挤进市中心，没有交警，也没有红绿灯，所有车辆都各顾各地开着。

杜悦悦初到内罗毕时，也看到了类似的场景。她诙谐地将其形容为一种“北京风格的交通拥堵”。然而，和北京不同的是，当地人穿梭在停滞的车流间兜售东西，她听说此时必须摇起车窗，不然将会面临被抢劫的风险。

在从机场到住处的路上，孙曼仪经过贫民区时，想起了20世纪90年代中国的小型城镇："这不就是中国大概二三十年前的样子吗？"即使之前给自己做了许多心理预期，她还是在生活的各个角落感受到了一定落差。

第一次来到内罗毕的联合国办公室，李重达的惊讶又多了几分："我过去对联合国的第一印象，应该是纽约可以俯瞰东河的联合国大楼；但内罗毕的联合国园区却在一片森林里，每个办公室都是一座小别墅。我第一次经过园区时，只看到一排排的树，当时就觉得这种地方，怎么会有人办公？"

然而，正是这个坐落在森林中的园区，陪伴着他们度过了半年的时光，将他们送上了一段全新的旅程。

工作：按部就班，也充满挑战

在联合国实习，初听起来似乎有些遥远，但实际申请的流程却也和其他工作相差无几，都是网上申请—收到笔试和面试的邀请—通过之后赴任。在这整个过程中，杜悦悦始终强调"信息圈"的重要性："我当时参加了不少国际组织就业实习的宣讲会，认识了许多志同道合的朋友，从而进入了这样的信息圈。有了信息圈之后，不仅获得相关资讯会变得容易许多，而且也会得到很多有经验的前辈关于简历方面的指点。"孙曼仪也肯定了搜集信息的重要性。在申请实习的过程中，她在网上搜集了很多联合国实习面试的相关资料，面试时80%的问题，她都提前备好了答案。收集大量的信息资源，做好充足的准备，是迈向实习的第一步。

除此之外，自身能力和职位需求的适配度也非常重要。李重达是在北京大学国际合作部网站上看到联合国儿童基金会和北京大学的实习生合作项目的。经过学校的初步筛选后，他开始在联合国网站上申请，并顺利通过。他坦言："之前我没有准备太多，但当时刚好在国际合作部网站上看到了这个数据分析和研究的岗位，发现和我的专业非常相关，就去申请了。我觉得能够申请上的主要原因，是它和我本身的科研背景比较匹配。"

谈及自己的工作内容时，三位访谈对象都不约而同地使用了"不饱和"一词。实习生的工作内容往往偏基础，加之非洲当地的工作节奏缓慢，与国内相比，工作强度舒缓了许多。孙曼仪提到，曾经有一个实习生对她抱怨："如果工作量能达到现在的2.5倍的话，我可能会很乐意继续在这里工作。"其实，这种缓慢的工作节奏和联合国细致谨慎的处事原则是分不开的。由于联合国是影响力巨大的国际组织，它所作的每个决定都需要严谨的审核才能够公布，因此也出现了许多不可避免的层层审核，使得它的工作效率无法和私人部门相比。

非洲当地每周工作时间只有四天半，周五的工作只是开会和吃午饭，午饭结束后就迎来了周末。李重达回忆道，他所在的部门绝对不会加班，更没有国内的"996"，甚至有实习生前辈觉得在联合国的工作实在太"懒"，索性回国创业了。然而，工作强度低并不代表这是一份"划水"的工作。"很多联合国里的人认为，不付实习生工资，所以不能让实习生做过多的工作。但是，如果你想要有所作为的话，需要积极主动地向领导要活儿干。"孙曼仪这样总结。

孙曼仪参与的是一个与环境政策相关的项目——"为地球而信仰"。项目负责人是约旦籍巴勒斯坦人，宗教背景驱使他提出了这一项目。从世界范围来看，有宗教信仰的人大约占总人口的85%，许多宗教组织拥有大量的土地资源以及可支配的资金。项目负责人希望通过与外部组织合作，将资源引入可投资或环保领域中，让宗教与环境议题更紧密地结合。在项目里，孙曼仪同时负责三项内容：一是撰写宗教和环境议题相联系的研究文章，二是协调与合作非政府组织的日常工作交流，三是对项目网页进行重新设计和日常维护。

孙曼仪（右二）和部门的同事

同在联合国环境规划署实习的杜悦悦，参与的项目则更偏向技术层面。在生态司淡水处，她支持了两个全球水生态系统数据平台的开发和发布，参与了第四届联合国环境大会的筹备、宣传和组织，同时也参与了“大家关心的水体”（Water Body of Concern）项目的建立。她介绍说，水生态系统是人类和自然的相互融合，例如，洪水暴发之后，会使生态系统变得脆弱，从而影响周围人的社会经济生活等方面。她所在的团队提出了地球大数据应当是一个“综合体系的反馈”，这是非常具有前瞻性的一项科研工作。另一方面，杜悦悦在政策司也承担着一份工作。政策司需要以更加通俗易懂的方式对科学司的研究内容进行呈现，她和团队选择了用可视化方式展示在过去三十年全球一百余个国家的可持续发展目标（Sustainable Development Goals，SDG）的发展状况，这一成果也在2019年3月的第四届联合国环境大会上进行了展示。

李重达在联合国儿童基金会主要参与的是人口学健康调查（Demographic and Health Survey，DHS）和多重指标集群（Multiple Indicator Cluster，MIC）两个项目，是由联合国儿童基金会和其他联合国机构进行的关于儿童和妇女的各方面调查。他的工作内容主要是帮助项目负责人整理每年的数据，同时将各个国家办公室（country office）汇报给地区办公室（regional office）的项目执行情况进行匹配，从而统计各个国家工作计划的实行情况。李重达将这个工作比喻成企业中的匹配预算和决算，他说："联合国儿童基金会总部会根据各地情况制订不同的区域性工作计划，比如，在非洲首先要保证温饱和禁止童婚。如果我们匹配后发现有些国家的工作计划没有完成，就需要去看他们是否需要人员或资金上的帮助。"

影响：改变发生在咖啡店里和午餐桌旁

孙曼仪用"震惊"这个词描述自己初来实习时的心情，她说："我自己其实是一个有点'丧'的人，但来到这里之后发现所有人对工作和生活都好有热情，特别是做到高级管理层的人，他们对自己的工作项目都非常热爱，讲起来滔滔不绝。"和许多一开始就抱着在联合国扎根的实习生不同，孙曼仪选择这份实习的原因，更多的在于思考自己未来的走向。而这段经历对她最大的影响，就是她发现了"热爱"对于工作的重要性。她说："由于联合国现在经费紧缺，很多项目都面临被砍的风险，所以需要说服领导认可这个项目，或者去寻找外部资金来支持项目运转。这就需要有非常高的热情，并且要准确地将信息传达给别人，这样才能支撑项目的有序开展。”

“这份热爱不仅体现在工作上，同时也体现在对生活的态度上。”她说。在工作和生活的接触中，孙曼仪发现每每去办公室楼下买咖啡时，大家都带着自己的杯子，而且身边的很多90后都是素食主义者。这些让孙曼仪一开始不太适应，但过了四五个月之后，她却高度投入到对环保的身体力行中。她说：“有时候自己忽视环保行为的时候，心里会感到很羞愧。这些微小的改变对我来说，也是一些比较惊喜的成长。”

除了项目工作以外，“社交”也是在联合国实习的一个重要关键词。联合国的午餐时间有一两个小时，往往能在餐桌上见到来自世界各地的同事，听到各种有趣的故事，也能了解到不同部门的工作内容。李重达曾在吃饭时结识了联合国的助理秘书长，他说：“虽然是很大咖的级别，但是吃饭的时候大家都很随意，我这样的实习生也能和他一起聊天。他给了年轻人非常多的鼓励，也让我学到了很多的东西。”

除了午餐时间以外，员工们也都相当重视办公室内的社交。刚进入部门的时候，孙曼仪收到一份来自部门最高领导的邮件，邀请她一起聊天。性格内向的她看到后非常紧张，在同事处得知那是一个问候性质的闲聊后，她的心情舒缓了许多。孙曼仪说：“原来是领导那天比较闲，所以把我找来闲聊了十五分钟。”后来，另一个实习生也被这位司长找去聊天，进办公室之后半小时还没有出来。当天刚好有模拟火警演练，大家从办公室疏散后慢慢踱步回去，这时候司长竟然专门找到那个实习生，说要和他继续聊，于是又聊了二十分钟。孙曼仪总结道：“虽然社交能力不会直接导致领导重用你，但对日常工作确实是非常有好处的。”

杜悦悦所在的办公室也有各种各样的社交活动。他们会固定地在每周三一起到公园里一边散步一边聊天，重视仪式感的领导会规定每周五是“帽子节”，每个人要戴上自己的帽子，有仪式感地完成当天的工作，开心地迎来周末。杜悦悦说：“联合国内人们普遍重视工作和生活的平衡，常常会组织草坪游戏，就连述职做报告期间也会组织团队建设活动，以让大家更加了解彼此。

“勤奋工作，不善社交”被认为是许多中国人乃至亚洲人共有的特质，但杜悦悦活泼的性格则打破了周围人对亚洲人的这一刻板印象。一次午餐时，她遇到了项目负责人，便邀请他同自己的朋友们一起用餐。负责人说，起初以为她的朋友应该都是中国人，他们互相用汉语交流，但坐在餐桌旁后，他才惊讶地发现杜悦悦的朋友来自世界各地。在杜悦悦看来，积极社交不仅能够交到更多朋友，还能够通过主动了解对方的预期，来规避因猜测而导致的低效工作。

杜悦悦在离职报告中与同事们约定在北京再会

在各种社交活动的背后，杜悦悦看到的是联合国员工对工作和生活的双重热爱，她说："加入联合国，对于它所倡导的价值要有认同，同时也要有自己的职业理想。拿马斯洛的需求层次理论举例，如果你只想满足诸如挣钱之类的生活需求，那国际组织可能并不适合你；但如果你有自我实现的需求，有发自内心的对工作的热爱，这会让你在工作中做得更好。"

未来：只要在路上，条条大路都会通向"罗马"

在很多人眼中，联合国的工作像是"高大上的空中楼阁"，但在切实参与过这一庞大机器的运转后，杜悦悦、孙曼仪和李重达三人都不约而同地认为，这确实是一个能够改变世界各个角落的地方。在联合国的各个项目中，一方面是各领域的专家进行科学决策，另一方面是政策上的落实和部署。以杜悦悦所在的环境规划署为例，在那里，很多工作人员都拥有相关领域的博士学位，同时有各种田野调查的经验，以及在许多非洲发展中国家的工作经历，因此，许多人同时对基层和高层都非常了解，这对于解决问题是非常有效的。

李重达来到联合国实习之前的规划一直是在自己所学的领域继续读博深造，但是后来，他发现国际组织中同样有一部分专家型人物，他们通过研究的方式做一些真正为他人谋福利的事情。李重达说："这是一件非常好的事，我也很希望能把自己学到的东西用来做这种更实际的工作，而不仅仅是写篇论文。"在实习期间，他和联合国秘书长古特雷斯有过一次面谈会，席间有人抱怨联合国对二十多岁的年轻人极其不友好，如实习生没有工资，想找到一个正式永久的职位非常困难。古特雷斯的回应则是："联合国本来就不是给年轻人来的。它需要已经有丰富工作经验的人加入其中，来解决各种国际事务中的问题。"因此，很多人都是工作多年，或已经成为专业领域的专家后，才能在联合国得到相对高级、相对稳定的职位。

李重达（右一）与联合国秘书长古特雷斯等的合影

孙曼仪申请这份实习，恰好是她申请出国读博遇到了一些波折时。当时，她对于自己一直做的科研项目有些不认可，甚至对原本的专业产生了一些失落感，有了转投环境政策方向的想法。然而，在联合国的这段工作经历让她对环境治理和前线所使用的技术手段有了新的认知，对自己的能力也有了新的审视。这段经历让她决定重回技术领域，希望能够在环境应用方面得到提升和锤炼。

杜悦悦同样认为，自己依然处在不断接受新鲜事物、不断增进认知的过程之中，因此日后的职业选择尚未定型。前段时间，她参加了一个聚会，见到了许多在联合国工作过的人，有些人仍然留在联合国，有些人去了京东、央视，也有人去了外企或在做其他各种各样的事情。她说："从那之后我认识到，有职业的目标，也不一定必须处在联合国的平台里，只要能力得到了锻炼，最终是否留在这里，已经不太重要了。"

杜悦悦回忆起自己在美国做交换生的时候，离回国仅有五个月时才开始学车，别人觉得她"特别折腾"，但她却觉得，学车能够拓宽她的活动半径，让她对美国的本土生活有新的认识，那为什么不能做呢？就像美学大师朱光潜的座右铭：此身、此时、此地。比起制定未来的规划，杜悦悦更希望能够"想到就去做"，不断地拓宽自己的认识面，她说："明天就像一颗巧克力糖，每一颗糖的味道都充满想象。"

校友金句

1. 很多联合国里的人认为，不付实习生工资，所以不能让实习生做过多的工作。但是，如果你想要有所作为的话，需要积极主动地向领导要活儿干。

2. 加入联合国，对于它所倡导的价值要有认同，同时也要有自己的职业理想。拿马斯洛的需求层次理论举例，如果你只想满足诸如挣钱之类的生活需求，那国际组织可能并不适合你；但如果你有自我实现的需求，有发自内心的对工作的热爱，这会让你在工作中做得更好。

3. 这是一件非常好的事，我也很希望能把自己学到的东西用来做这种更实际的工作，而不仅仅是写篇论文。

北大国关的联合国志愿者：
我们的奇异人生

人物简介

刘今，北京大学国际关系学院2014级本科生。2018年秋赴联合国儿童基金会欧洲和中亚区域办事处（伊斯坦布尔分局）实习。回国后，作为联合国志愿者被派驻中国国际扶贫中心外事处工作。

车苑莹，北京大学国际关系学院2015级硕士研究生。2016年曾在联合国开发计划署驻华代表处担任研究、传播与运营助理，2017—2020年以联合国志愿者的身份被派驻中国国际扶贫中心，担任培训处项目官员，后转至国际劳工组织工作。

施蒙，北京大学国际关系学院2016级硕士研究生。2013—2017年在农业农村部从事农业援外和南南合作能力建设相关项目管理工作。2018年，赴联合国纽约总部非洲问题特别顾问办公室实习，2020年作为联合国志愿者被派驻北京市志愿服务联合会的联合国志愿人员组织与北京市志愿服务联合会合作（UNV-BVF）项目办工作。

启程：关天下，观天下

回首来时路，刘今形容这个过程就像是“connect the dots”（拨云见日）：一个又一个选择、一段又一段故事串联在一起，让她与联合国的交集越来越多。

刘今的母亲是一名英语老师。小时候，母亲时常带着她一起浏览电视和报纸上的英语国际新闻。少时的成长经历潜移默化地使她对时政产生了兴趣，也让她在读大学时选择了国际关系专业方向。

国际关系专业侧重于培养学生的国际视野，在“中东研究”“国际发展”“中国外交”等相关课程的熏陶下，刘今对和平与发展议题萌生了进一步的兴趣。通过北大–香港理工–西安交大共同筹办的“丝绸之路青年领袖计划”，她在大二暑假随团前往吉尔吉斯斯坦访问，并在当地一所农村学校进行短期支教。

白天，他们给当地不同年级的孩子们上课，傍晚开展游戏和家访，晚上就在教室席地而卧，短短时间里他们与孩子们培养了深厚的感情。回忆起当时的情景，刘今至今依然满是感动，她说：“那里条件艰苦，但是孩子们都非常可爱，看得出来他们对未来是有很多期待的。”

刘今（后排右）在吉尔吉斯斯坦支教时

在吉尔吉斯斯坦支教时，孩子们给了刘今很大的触动，并对她日后的道路产生了直接的影响。大四毕业时，她放弃了名校的录取机会，选择赴联合国儿童基金会欧洲和中亚区域办事处实习。她说：“虽然和预期的发展方向不太一样，但不知道下次何时再有这样的机会可以直接参与到国际发展事业中。”权衡之后，刘今踏上了前往伊斯坦布尔的征途。

车苑莹与国际组织的相遇则关乎一次重要的人生抉择。来到北大国际关系学院之前，车苑莹曾在中国政法大学学习。每到周末，学校的法律援助协会就会在校门口接待前来寻求帮助的人们。车苑莹说：很多农民工都是拖着编织袋，跋山涉水来到北京。他们跟同学们诉说自己情况的时候，情绪都很激动。听到人们的各种遭遇，我开始思考，作为一个普通的学生，未来我可以为社会做些什么？带着这样的疑问，她萌生了转向研究社会科学的想法。

凭借一次赴美国参加比赛的契机，车苑莹得到了一个到联合国总部参访的机会，这次旅程让她对联合国的工作有了一定的了解。在联合国总部，车苑莹给自己寄回了一张明信片，年轻的她没有想太多，只是怀着一颗纯粹的心在上面写道：“这里的人们每天都在为建立和平和正义的世界而努力，为把这个世界变得更美好而奋斗。希望通过努力，我有一天也能到联合国工作，在联合国这个舞台上为更多人带去积极的转变。”

2015年，车苑莹考入北京大学国际关系学院攻读硕士学位。回忆起刚刚入学的情景时她说：国际关系学院老师们对于这个世界的关怀与热爱深深打动了我，在课堂上，老师每每讲到社会问题时，都非常心疼那些正在远方遭受苦难的人，那种关怀社会的热心和怜悯，我一直记在心里。”

硕士期间，她报名参加了剑桥大学的研究项目。在和来自世界各地的学生一起研讨当代前沿的国际发展议题时，她更深入地了解到联合国在其中的重要作用。她说：“从那个时候起，我想从事这一领域工作的决心着实发芽了。”

从英国离开前，她申请了联合国开发计划署驻华代表处的实习岗位。她还记得面试时对方考虑到时差的问题，专门挑了双方都处于白天的时间段进行面试。车苑莹说："他们工作的每一个细节都让我觉得这个组织与我理想中的世界很相符。"毕业后，车苑莹决定继续在联合国的舞台追求梦想，把帮助弱势群体的情怀坚守下去。于是，她申请了中国国际扶贫中心的联合国志愿者岗位。

车苑莹在联合国开发计划署驻华代表处实习时

与刘今和车苑莹不同，施蒙在走进北大国际关系学院之前，已经有了一定的涉外工作经验。2013年从英语语言文学专业毕业后，她从事了农业援外和南南合作能力建设相关项目管理工作。在此期间，与国际组织的接触与合作让施蒙萌生了向这一领域调整职业方向的念头，北大国际关系学院开设的国际公共政策硕士项目随之进入了她的视野。

回忆起在北大国际关系学院的就读经历，施蒙认为“国际组织概论”是对她影响最大的课程之一。课堂上，授课老师除了介绍国际组织的分类与职能外，也时常鼓励同学们去国际组织实习，了解机构最真实的情况。除此之外，学校提供的各类联合国招聘信息也让她心动不已。于是，在最后一个学期，施蒙申请了延期毕业，前往联合国纽约总部非洲问题特别顾问办公室开启为期三个月的实习。她说：“我只希望通过实习能更了解联合国，从而判断这份工作是否适合自己。”

“有些人会很早就明确自己想要做哪方面的工作，但是也有些同学可能像我当时一样，没有那么确定，甚至有点迷茫。那么不如把每一份实习、社会实践都当作了解自己和发现自己的一个过程。”施蒙说。

从北大国际关系学院“关天下”到海外“观天下”，刘今、车宛莹和施蒙三人不约而同地与联合国结缘，开始了各自的奇遇人生。

体验：冲破桎梏，超出预期

刘今认为，国际组织的一个优点在于那里有自由的工作氛围。回忆起在联合国儿童基金会的实习经历，她发现相比于工作合同上写定的内容，平日实际的工作要灵活得多——做什么事情以及用什么方式去做都取决于和团队的沟通情况。她说：“你可以和自己的上级一起商量，根据个人的兴趣与特长承担工作，他们也会把这视为对你的一种培养。”

施蒙在联合国总部的实习也深有体会，在结束每天的实习工作后，她还可以留出自己的时间用来学习。而联合国安全理事会、经济及社会理事会等部门开会时，只要对会议相关议题感兴趣，实习生们也被允许旁听。这里对待实习生的态度与大多数用人单位很不一样，联合国的实习生没有某种固定的成长路径，而是依照个人意愿自由发展。她说：“你需要什么样的帮助它都会给你提供，唯独不会指定你下一步该怎么做。”

施蒙在联合国纽约总部实习时

除了充足的自由，联合国给予实习生的还有充分的信任。尽管施蒙只是一个实习生，但部门安排给她的任务不仅仅是会议笔录之类的简单事项，有时还包括参与技术研究等核心工作。施蒙说：“它会充分地相信你，希望你发挥自己的潜能。我觉得这个信任是很宝贵的，所以回来我就很坚定地说，我以后就想在国际组织工作，唯一的顾虑就是怕我自己不够优秀。”施蒙对这一次实习经历的评价是“各方面都超出了自己的预期。”

和施蒙一样，车苑莹也选择用“超出预期”来描述自己在联合国的职业体验。作为被联合国派驻到中国国际扶贫中心培训处的项目官员，她的任务是通过分享中国成功的扶贫经验，帮助其他发展中国家减贫和促使部门官员提升减贫能力，从而促进其他发展中国家加快减贫的进程。在这里，她获得了大量与各国官员交流的机会，对国际时政和各国社会民生最真实的情况都有了更深层次的了解，同时还接触到许多以前没有机会接触的风土人情和文化知识。她说：“通过这份工作，我了解到世界上有非常多的国家仍然面临着贫困、饥饿、战争和恐怖袭击等问题，我深刻地理解了我所在的世界并不完美而且处于不平等的情况中。但是，我亲身看到有许多人义无反顾地投身在发展工作领域，坚持不懈地作出贡献，所以，我对共同应对世界面临着的种种挑战满怀信心。”

2018 年，车苑莹（第一排右四）参与筹备对发展中国家的国际援助扶贫研修班

有一次，车苑莹在与来自阿富汗的官员一同到中国南方的农村考察时，恰逢一户村民办丧事，按民间习俗燃放鞭炮。鞭炮声噼里啪啦响起，阿富汗官员们突然表现得很害怕，有些甚至惊恐地抱头蹲在地上。事后，一位官员告诉车苑莹，直到目前，阿富汗依然饱受战火蹂躏，这位官员的儿子所就读

的学校就曾被投放过炸弹，当他去寻找孩子的时候，看到遍地伤亡，那个画面令他永生难忘。这就是他们听到鞭炮声会有如此强烈的反应的原因。

工作以来，车苑莹接触了超过60个国家的官员，除了个人阅历的增长，友谊的种子也悄悄发芽。在一次国际减贫高层论坛中，车苑莹负责协调一位发展中国家的年轻女部长来华后的所有活动流程，经历了数日共同的奔波、开会、考察后，两人成了很要好的朋友。车苑莹不无骄傲地说："我有幸成为一个重要的窗口，在分享中国经验时，让世界了解我们，身体力行地在国际舞台上讲好中国故事，努力向国际社会展现一个更开放、更有担当，也更为真实的中国，为打破国际社会对中国的许多偏见和刻板印象作出自己的努力。"

"超出预期"的工作体验坚定了她们在联合国系统里继续发展的决心。和车苑莹一样，刘今和施蒙在结束实习后都选择了以联合国志愿者的身份被派驻国内机构工作——刘今同样前往中国国际扶贫中心，施蒙则被派驻北京市志愿服务联合会的联合国志愿人员组织与北京市志愿服务联合会合作（UNV-BVF）项目办，从事志愿服务国际项目的协调管理工作。

成长：乌云与它的金边

然而，超出预期的不仅是工作中的新知体验，还包括许多未曾设想的麻烦和困难。以车苑莹从事的国际减贫工作为例，这项工作涉及政治、经济、人文、宗教等诸多议题，她必须持续不断地学习，以应对可能出现的新领域和新问题。扶贫工作的重点在于"扶志"，要解决思想上的贫困问题，要扶思想、扶观念、扶信心，这是贫困群众战胜贫困的内在动力，而如何让人们的思想从根本上产生转变，是扶贫工作的难点。

由于常年要到农村考察，用“晴天一身土，雨天一身泥”来形容车苑莹最贴切不过。她曾在酷暑下无数个田野里留下了足迹，也在全国无数个偏远的小机场度过了飞机延误的夜晚。可以说，与想象中国际组织职员只需坐在写字楼里的工作状态不同，经常性的外出调研着实颇为辛苦。

不过，车苑莹认为正是这些走南闯北的经历让她成为一个更执着、更坚毅的人——即使面对来自外界的质疑也能沉着应对，即使在复杂困难的条件下也能冷静下来寻找解决问题的方法。她说：“虽然有不少困难，但我觉得很快乐，也感觉到自己在不断成长。”

同被派驻中国国际扶贫中心的刘今在参与撰写扶贫书籍的过程中，关注到网上一个帮助残疾人创业的人物故事。她希望通过报道此事的媒体与当事人取得联系，但前后沟通了很久，始终无法联系上被采访对象。刘今那时意识到：现实工作会遇到很多的阻力，没有人有义务为你提供帮助，但是可以转换思路。

刘今参与撰写的《中国扶贫故事》中英文版本

但即使是乌云，也镶着一条待你发掘的金边。随着工作经历和阅历的累积，刘今在大大小小的挫折中逐渐学会了接受不完美的现实，领悟到更具智慧的处世之道。她说："有时候想法比较理想主义，但具体操作之后，你就会理解很多过去没法理解的问题。"现在的她不仅会努力寻找各种出路，也有勇气去直面失败。她说："哪怕走来走去都走不通，失败的教训也会是一个收获。"

联合国鼓励员工积累更多的基层工作经验，作为积累公共部门经验的渠道之一，许多想进入联合国工作的人会选择先加入联合国志愿者组织，再被派驻不同机构。然而，联合国志愿者的职业生涯也往往有较强的"不确定性"——联合国志愿者的合同一般一年一签，国内岗位最多四年，且没有任何明确的晋升机制，所以，联合国志愿工作不像体制内的工作是个"铁饭碗"。据施蒙回忆，算上自己在内，她那一届北大国际公共政策硕士毕业的8个同学中，只有3个人去到了国际组织，这种"不确定性"可能也是中国的年轻人在联合国志愿者中比例较低的原因之一。施蒙觉得联合国志愿者的工作模式对申请者的能力提出了很高的要求，她说："打铁还需自身硬，只有具备足够的能力，才能在机会来临时把握得住，这一点既是压力也是动力。"

不过换个视角来看，联合国志愿者短期工作的性质也为正在犹豫发展方向的人提供了宝贵的锻炼平台与试错机会，有助于他们在实践中找到真正热爱的事业。施蒙说："它很灵活，不会把你框住，是自己主导的一个职业路径。"施蒙认为，多尝试、多体验才能确定未来职业发展的方向，而志愿服务正是不错的开端。

施蒙在联合国志愿人员组织与北京市志愿服务
联合会合作（UNV-BVF）项目办介绍项目工作

体尝过在国际组织工作的各种滋味，三人愈加地认可自己的职业：当刘今和车苑莹看到自己的点滴努力为发展中国家带去实质改变，当施蒙听说选派出去的青年志愿者为远在肯尼亚贫民窟的孩子们筹备了温馨的圣诞节，这些让她们自豪和感动的工作成果连缀在一起，共同组成了生命里的闪光时刻。车苑莹计划未来继续在联合国系统为世界人民服务，她说：“我希望我的工作是用生命影响生命，持慈悯之心，力行仁爱。也希望自己到年老时拥有一个丰富的、有意义的、值得回忆的人生。”

校友金句

1. 有些人会很早就明确自己想要做哪方面的工作，但是也有些同学可能像我当时一样，没有那么确定，甚至有点迷茫。那么不如把每一份实习、社会实践都当作了解自己和发现自己的一个过程。

2. 我有幸成为一个重要的窗口，在分享中国经验时，让世界了解我们，身体力行地在国际舞台上讲好中国故事，努力向国际社会展现一个更开放、更有担当，也更为真实的中国，为打破国际社会对中国的许多偏见和刻板印象作出自己的努力。

3. 打铁还需自身硬，只有具备足够的能力，才能在机会来临时把握得住，这一点既是压力也是动力。

黄雅丹、张楠、王子怡：

与非洲相遇，向未来前行

人物简介

黄雅丹，北京大学软件与微电子学院2017级硕士研究生，2018年赴联合国儿童基金会塞内加尔办公室实习；后持续在联合国儿童基金会实习，现为联合国儿童基金会技术写作人员。

张楠，北京大学外国语学院2017级硕士研究生，2018年赴联合国儿童基金会马达加斯加办公室资源动员部实习。

王子怡，北京大学中国语言文学系2015级本科生，2018年赴联合国妇女署内罗毕办公室实习。

设好工位，提上电脑，随着门禁卡一声清脆的“嘀”声，一段联合国实习就此开始。虽然任职机构不同，但黄雅丹、张楠与王子怡的工作都不局限于办公室那一方小格间。在非洲的半年中，她们领略过市中心的繁华，也曾辗转颠簸于阡陌。面对性暴力受害者，她们感到过现实的压力与无力，也曾为独立完成的调研报告受到认可而欢喜。这是一场年轻人值得做的尝试，无论去留，这段非洲的冒险都将成为她们未来前行的桨。

初遇：在未知中探索与适应

2018年，黄雅丹通过北京大学的国际组织实习生选派项目，成为联合国儿童基金会塞内加尔办公室的一名实习生。这次机会，她期待已久。只是那片遥远的大陆，令家人对她的独自冒险充满担忧。为了让父母安心，她特意查询了非洲的“安全地图”，再三确认塞内加尔是一个没有战乱风险的国家，才得以成行。

异国他乡的衣食住行，是黄雅丹必须面对的问题。她发现脸书的“当地租房交流群”里聚集着很多外籍年轻人，他们交流房源信息，寻找室友，分享着各自的生活经验。综合考虑治安与位置因素后，黄雅丹终于锁定了一间合租公寓。在当地朋友实地考察、现场拍照后，她才最终定下这个即将陪伴自己半年的临时之家。公寓位于市中心，但好在租金不贵，国家留学基金管理委员会每月提供的奖学金和补助完全可以支持她的生活开销。

由于缺乏准备，王子怡在住宿问题上遇到了窘境。初到非洲的她不熟悉实际情况，入住了当地的酒店，不仅价格昂贵，而且环境令人失望：设施陈旧，无洗漱用品，整个房间都透着陈年的破败感。房间门口的报警器，在默默提醒她需要小心潜在的安全隐患。身为当时在联合国妇女署内罗毕办公室唯一的实习生，她在异国他乡的无助感也因此愈发强烈。所幸，随着更多校友来到内罗毕，王子怡和几位师兄师姐逐渐取得联系，并着手建立起当地的北大校友网络，抱团取暖。

体验：走进真实的非洲大地

随着在市区的生活逐渐转入正轨，除日常办公之外，她们还会跟随部门定期去往外地开展田野调查。在联合国儿童基金会马达加斯加办公室实习的张楠认为，调研的体验既增加了工作的深度与广度，又令她从不同角度领略到一个真实的非洲。

一般而言，员工出差都会住在指定酒店，但有时他们也会来到一些特别贫困的村县，那里的交通和住宿条件往往异常艰苦。有一次，张楠连续坐了两天的车，颠簸几千千米才到达目的地。在那里，牛羊成群，没有热水，沿途只能在随意搭建的小棚中用餐，蝇虫滋生，令人不堪其扰。

王子怡也有过类似的艰苦经历。在位于乞力马扎罗山附近的一个贫困县，方圆30千米内都没有现代设施的痕迹。她曾试着请卡车司机载她去买牙膏和洗发水，却被告知当地没有这些用品。一切都与惯常的生活相去甚远，面对现实，她只能选择接受——用洁面乳洗头，就着清水刷牙。每天清晨洗漱过后，王子怡放眼望向窗外，只有乞力马扎罗山下的一群长颈鹿默默地陪伴着自己。回忆起那段对着长颈鹿刷牙的日子，她调侃道，自己一点也不像那个“大都市的处女座女孩”了。

实地调研虽然艰苦，却可以带来最真实的信息。在马达加斯加办公室的小格间里，张楠每天忙于收集联合国儿童基金会资助方的信息，寻找潜在的筹资机会。这离真实的当地生活有些遥远。但是田野调查的经历帮助她在马达加斯加中国企业调研和合作拓展项目中，成功甄别了潜在的合作伙伴。项目结束后，她撰写的《联合国儿童基金会与中国企业合作策略》也获得了联合国儿童基金会非洲地区办事处的认可，并被作为案例转发至下属机构供大家参考。

工作：关怀和信任所赋予的幸福感

人性化，是黄雅丹给予国际组织的评价。在正式工作开始前，黄雅丹有一周的适应期，作为实习生的她需要和正式员工一样，在联合国儿童基金会的AGORA平台（联合国儿童基金会的在线学习门户网站）进行为期一周的网课学习，包括防职场性骚扰和其他自我保护等课程。与自己以往在国内经历过的实习相比，这种对员工的人文关怀令黄雅丹更加期待工作的开始。

入职第一天，她八点到办公室时惊讶地发现整个楼层几乎空无一人。的确，国际组织的工作模式灵活而轻松，既不严格要求上下班时间，也从不强制员工加班。但是灵活不意味着低效散漫，相反，这里更加看重工作效率和成果。员工和实习生们只要保证按时保质地完成每日工作，就可以自主安排下班后的时间，无须加班。这是国际组织人性化管理的又一特点。

刚到非洲时，黄雅丹对自己的岗位充满迷茫。在申请时，她只是按图索骥，选择职位描述中与自己匹配度较高的岗位，对具体执行和操作不甚了解。工作开始后，她在期待之余也感到隐隐不安，担心自己的一知半解会受到上司的责问。但是，上司的热情和支持远超她的预期，上司连“儿童基金会是做什么的”“联合国系统如何运作”这些基础问题都会为她耐心地逐一介绍。黄雅丹渐渐放下焦虑，更加从容、自信地面对工作中的一切障碍。

黄雅丹在联合国儿童基金会中西非办公室办公楼前

联合国温暖的工作氛围，同事们对实习生的信任和帮助也给张楠留下极为深刻的印象。实习初期，主管就为她规划了为期六个月的工作计划，在充分了解她“想做什么”后为她分配相关任务，并在每周两次的例会上帮助她总结项目的进展和成果。出差时，由于无法听懂当地方言，张楠很难独立开展采访调查，但随行的同事们都乐于为她提供翻译支持，耐心地帮助她了解每一个信息点。张楠曾经以为，国际组织里的实习生只是很渺小的存在，但大家的这份关怀与支持让她感到，每一份真诚的帮助都是助力自己成长的力量。

在被关怀和支持之外，还有独立的承担，在王子怡看来，这叫作信任。为纪念每年11月25日的“国际消除对妇女暴力日”，作为实习生的她需要独立操办一场校园反性别暴力活动。为此，主管直接拨给她10万元预算作为活动资金。这一切令初出茅庐的王子怡感到焦虑、惊慌且压力满满。可在压力之下，是信任催生出的执行力与责任感。

那时，王子怡每天都要和只懂斯瓦希里语的当地人沟通，语言的障碍使得电话两边仿佛陷入了平行世界。为送邀请函，她需要辗转全市，可内罗毕多变的天气往往令本就一塌糊涂的交通更加拥堵。临近活动日，合作方希望通过微电影的方式表达反对性别暴力，但放眼四周，王子怡甚至都找不到一台可用的摄影机。面对各种各样的困难，她必须独立克服并解决，从跨越语言沟通障碍，到四处求助寻找摄影机；从独立创作活动的宣传海报，到控制活动资金的预算……回顾那段经历，她感慨道："活动很成功，但过程真的很辛苦。"

迎接：一场纯粹而热情的冒险

对于年轻人而言，"热情"往往是他们走近联合国的第一个关键词。王子怡说：对所申请领域工作的热情远比硬性指标更加重要，这对缺乏相关工作经历的本科生来说尤其关键。面试时，联合国更加看重申请者的积极性，他们希望从每个人的经历中，发现真正对这项事业有热忱和信念的人。

在北大，王子怡习惯了身边每个人都在"拔足狂奔"地竞争的环境，而在联合国，她却学会将脚步放慢，耐心寻找兴趣所向。在一次"性暴力幸存者会议"上，她曾遇到一位70多岁的老奶奶，讲述自己曾遭受过长达两个月性侵的悲惨经历。听罢，她感到一时语塞，只能用"我懂你的苦难"给予安慰。但老奶奶却笑着回答道："不，你永远都不可能明白。"打开新闻，类似的故事在世界各地不断上演。老奶奶的经历令她意识到，在众多性暴力案例中，这只是沧海一粟。反性别暴力工作仍然任重道远，而她愿意为之负重前行。

奋勉之余，在国际组织中工作往往需要与不同国家、不同文化和宗教背景的同事共事，这就要求工作者富有多元包容的精神。黄雅丹的一位非洲同事曾调侃她说："姑娘，你以后回国都可以说自己是非洲人了！"她开玩笑式地回道："他们已经说我是非洲人了，因为我皮肤很黑。"一讲完这个笑话，她就知道自己冒犯了对方，常年在国内的生活使她对于可能带有种族歧视意味的话不太敏感。这让她明白，在多元文化交融的环境中，更可能真正学会尊重多样性，联合国就是这样的平台。

因为申请国际组织实习，黄雅丹错过了招聘季，或许要延期一年毕业。虽有遗憾，但她并不后悔。无论是否有意在国际组织就职，这都是一次宝贵的经历。实习结束后，她顺利获得推荐信。她说："对我而言，这足以成为继续前行的勇气。"

在张楠看来，联合国儿童基金会的工作重塑了她对于国际组织和非洲大陆的认知，令她鼓起勇气憧憬更宽广的未来。作为一名英语专业的学生，张楠曾感觉处处受到专业的限制，即便是到联合国实习，她也认为自己只适合当一名翻译。在出发去联合国儿童基金会实习前，她陷入了长时间的自我怀疑，担心这份实习与未来回国后的工作脱节。但经过半年的打磨后，她发现语言逐渐成为自己看世界的窗口，而实习经历则点燃了她做调研的热情。她借用雪莉·桑德伯格（Sheryl Sandberg）的话总结自己的感悟："If you're offered a seat on a rocket ship, don't ask what seat, just get on!"（如果你得到了坐上火箭的机会，别管是什么位置，上去就行。）

与非洲的相遇使黄雅丹、张楠和王子怡她们相信，只有拥抱不确定性，才能够做更宽广的梦。曾经，联合国遥不可及，但现在它已不再梦幻。"未来，相信我们会再遇，keep energetic，keep making progress！"（保持活力，不断进步！）

张楠（左一）在非洲“助力儿童实现电影梦”项目工作期间合影

校友金句

1. 对所申请领域工作的热情远比硬性指标更加重要，这对缺乏相关工作经历的本科生来说尤其关键。面试时，联合国更加看重申请者的积极性，他们希望从每个人的经历中，发现真正对这项事业有热忱和信念的人。

2. 在多元文化交融的环境中，更可能真正学会尊重多样性，联合国就是这样的平台。

3. 如果你得到了坐上火箭的机会，别管是什么位置，上去就行。

毛惠、李贺、覃思源：
青燕衔春风，展羽联合国

人物简介

毛惠，北京大学国际关系学院2017级硕士研究生。2018年8月担任联合国开发计划署亚太青年领导力与创新创业论坛项目助理、闭幕式演讲嘉宾。2019年9月在国务院扶贫开发领导小组办公室、中国国际扶贫中心实习，跟进澜湄合作减贫能力提升项目研修班，负责会务接待泰老柬缅等国官员、随行翻译等工作。

李贺，北京大学软件与微电子学院2015级硕士研究生。2016—2017年在共青团中央国际联络部实习，参与中国青年友好访问越南和印度的沟通协调工作。2018年，赴联合国儿童基金会驻华办事处创新团队实习，从事高科技与儿童发展保护相关的研究工作。

覃思源，北京大学社会学专业2014级本科生。2018—2019年在联合国人口基金驻华代表处实习，其间任第三届中非人口与发展会议青年峰会青年执委会代表。2019—2020年在国家发展和改革委员会国际合作中心实习，负责协助国际合作中心执行澜沧江–湄公河合作、中日韩三方合作等区域合作机制。

2018年8月，毛惠正为联合国开发计划署亚太青年领导力与创新创业论坛的各项准备工作手忙脚乱，却临时得知自己要担任闭幕式的演讲嘉宾。“临危受命”的她虽然仅有两三天的时间准备讲稿，但在演讲中抛出的问题却是她深思熟虑已久的：“青年该如何应对未来的挑战？”

2019年6月26日，加纳首都阿克拉晴朗炽热，太阳蒸腾的热气附着在各色的皮肤上。从一大清早开始，覃思源便和第三届中非人口与发展会议青年峰会工作人员们聚在一起，嘈杂又热烈。会议还有几个小时就要开始，工作和角色却还在布置。覃思源是这次青年峰会的中方青年代表，也是峰会《青年宣言》的宣读人，她即将在异乡的舞台上，发出属于青年一代的倡议。

一万公里外的北京此时已是凌晨。再过几个小时，李贺将来到联合国儿童基金会驻华办事处，开始新一天的工作。和他相处时间最久的，是浩如烟海的文献和数据，而他所在团队的任务，就是用自己的技术特长为全球儿童保护工作添砖加瓦。

汗水和成就感交织组成了三位青年在联合国实习时最深刻的印象，而无论何时将这段回忆重启，他们都仿佛回到了自己那段“高光时刻”——热烈、鲜活、多元，仿佛永远年轻。

覃思源（右）作为青年代表宣读《青年宣言》

远航：向更广的国际舞台

对毕业于北京大学社会学专业的覃思源来说，身处联合国的聚光灯下，面向世界发声的那一刻，是无数次扎根田野、辛勤探索换来的成果。

本科期间，覃思源跟随导师杨善华进行了多次社会调研：他们在河北、四川等地的农村研究村庄治理模式，在小板凳上“和农民唠嗑”；与北京和新疆的少数民族同胞聊天，了解他们的工作与居住情况；去往北京体制单位社区，探索转型期的社区更新状况。四年间的社会学田野经历足以让她积累应有的专业知识。

对于这位从小在襄阳城长大的姑娘来说，覃思源从田野旁的对谈中学到的不仅是学术知识。“要尊重每一个个体的生命选择，在你不了解对方之前的生活经历与背景的前提下，不要对对方进行误判。”这正是她在社会学训练中形塑的价值观。

在尊重个体生命选择的同时，覃思源也在不断探索自己要做出怎样的人生抉择。进入北京大学的覃思源尝试过在学院里当“美工”，参加过校学生会，也加入了自行车协会。她自评“心大”“不在意功利”，被田野充斥的四年时间并无其他实习经历，加之田野经历培养出的学术志趣，她决定出国继续进修。但在顺利拿到录取通知后，覃思源在和“准同学”聊天中发现，他们都有几年的工作经验，这促使她做出了一项重要的抉择：“在没有真正从事一门工作之前，去接受发展学的教育可能有些为时过早。”与家人商量后，覃思源选择过渡一年，在这一年间尽力去丰富自己的社会经历。

而对于北京大学国际关系学院硕士毕业生毛惠而言，从会计跨入国际关系领域，也是一个重要的人生抉择。

小时候，毛惠鼓着一腔“为中华崛起而读书”的懵懂热血，希望成为外交官或者双语主播。但在高考后，受到母亲的影响，她报考了会计专业，转而将国际会计师当成自己的职业目标。然而，在实际入学后，不喜和数字打交道的毛惠认识到自己并不热爱这个专业，她认为报表之外的人生还有很多可能。

2015年8月，毛惠和她所在的苏州大学代表队进入了由外交部、共青团中央联合指导的亚太青年模拟APEC大会（MODEL APEC）总决赛。五个月时间的备赛期间，毛惠和团队其他成员一路过关斩将，决赛前夜还在重复着修改、磨合和演练的步骤，挑灯夜战，直至天明。决赛日，全英文自由辩论持续了四个多小时，她和队友据理力争、观点清晰、落落大方，最终从全国60多所高校、一万多名大学生中脱颖而出，拔得头筹。

夺冠让毛惠获得了作为中国青年代表团成员出访当年在菲律宾举行的APEC峰会的机会。在峰会上，毛惠聆听了来自世界各地的政府官员与商业领袖进行的高层研讨和主旨演讲，与此同时，她也在不断思考："他们关注的前沿议题有哪些？为让这个世界变得更好他们具体在做什么？"大会其间，毛惠与现场其他国家的青年代表进行了沟通和交流，她发现大家虽然越来越关注中国的崛起，却仍然缺乏了解中国的有效渠道。

毛惠（右三）作为中国青年代表团成员赴菲律宾APEC峰会，

左四为菲律宾前总统比奈

这次峰会的经历使毛惠备受激励。从菲律宾归来，“会计适合我吗？”的疑问已迎刃而解，毛惠选择遵从内心，转向了曾在童年时就憧憬过的国际关系方向。2017年，她如愿以偿进入北京大学国际关系学院攻读硕士学位，其间她获得中日韩政府奖学金，并参与“亚洲校园”项目，被公派前往东京大学和首尔大学学习。

国际情怀从萌芽到明朗的历程在北京大学软件与微电子学院计算机技术硕士毕业生李贺身上也发生着。

2015年夏，李贺偶然在朋友圈“捞到”一条信息：中国联合国协会将在浙江大学主办第五期中国国际公务员能力建设培训。抱着抓住机会的心态，李贺报名参加了。200多人的学员群体中，既有昔日的联合国维和部队成员，也有像李贺一样对国际组织心存向往的学生。这是他第一次系统地接触到联合国的知识。前联合国副秘书长陈健关于中国需要在联合国发出更多代表声音的发言让他印象深刻，李贺渐渐在心中推开了全球视野的窗子。

自那之后，李贺的国际情怀便一发不可收。2016—2017年，李贺申请成为共青团中央国际联络部实习生，积极参与第三届中越青年大联欢和中国青年代表团访问印度的相关工作。此外，李贺还赴韩国参加了由中日韩三国合作秘书处组织的“中日韩青年大使”项目。在这些缤纷的经历中，李贺体会到了跨文化背景和职业身份进行交流的乐趣。

2018年，带着硕士阶段在IT创新与创业投资管理方向的学习成果，李贺向联合国儿童基金会投递了简历。

接到面试电话时，李贺正在津津有味地看美剧。在几秒钟夹杂着兴奋的惊讶过后，他没有多想，更没来得及准备，就爽快地接受了第一轮电话面试。“因为我害怕如果留出准备时间，就会和面试官从此‘失去联系’。”他说。这场“匆忙”的面试持续了近40分钟。在一系列面试与笔试之后，李贺从激烈竞争与层层选拔中脱颖而出，正式成为联合国儿童基金会驻华办事处的一名实习生。

李贺（左）参与“中日韩青年大使”项目证书授予仪式

同年，毛惠受到之前上司的邀请，参与联合国开发计划署亚太青年领导力与创新创业论坛，任项目助理和闭幕式演讲嘉宾。

毕业后，覃思源抓住朋友转发的联合国人口基金驻华代表处的实习机会，参与“人口发展”方向的工作，她开始近距离了解这个只在北京大学国际组织职业课堂（IO Career）系列活动[①]中有所耳闻的、在中国

① 为积极响应中央关于高校加强培养推送国际组织人才的工作要求，2016年12月，北京大学学生就业指导服务中心在全国高校范围内率先成立了国际组织人才办公室，协调推进国际组织人才推送工作。2017年2月起，北京大学常年举办IO Career系列活动，辐射全国高校师生，平均每年举办30场。

“相对小众”的机构。

对于毛惠、李贺和覃思源三人而言，他们与联合国的“缘分”由此开启。

冲突后的消化：想象与现实的磋磨

在正式入职之后，覃思源发现联合国的工作与自己想象中的有些许不同。

联合国人口基金驻华代表处规模不大，目前在中国的正式员工只有十五六人，但小规模的办公环境能带来更高效的交流。在入职前，覃思源想象实习生的生活仅是“默默无名地坐在小角落里做该做的事情”，但实际上她惊讶地发现，在日常举行的工作坊或咨询中，实习生的建议都会被倾听。作为实习生，她不但可以听取“大牛”的建议，甚至能让一些目前有能力做出改变的人听到自己的想法。这使覃思源备受鼓舞，她说：“我真的来对地方了。”

这种“合拍感”同样得益于覃思源的专业知识储备。在实习的八个月时间里，覃思源的社会学功底得到了发挥，从前在文本和数据上学到的知识得以落到实处。她说：“要想真正参与到与国家卫健委合作或与商务部洽谈等实际工作中，从而为善待老龄人口、推动老龄化经济发展等议题建言献策，揣着一定的知识当然比做一张白纸要好。”

李贺所在的岗位隶属于联合国儿童基金会南南合作与伙伴关系部后期成立的创新团队，该团队的亮点在于将前沿科技糅合进传统儿童权益保护工作，搭建高科技企业创新产品分享平台，并将中国的创新技术和产品推介给与南南合作相关的国家。面对如此“高端”的工作内容，李贺想象自己将会奔走于各大公司与使馆之间，开展对接交流工作。但实际上，再庞大的项目也需要牢固的“地基性”工作，而李贺正是坚守办公室打好“地基”的人员之一。在实习期间，甚至从儿童基金会驻华办事处赶往一公里外的联合国驻华大使馆都可以看作“出差”。

李贺（左二）在人民大会堂参加首届亚非青年联欢节

更多时候，李贺只是像螺丝钉一样扎根在联合国儿童基金会的办公室里，与同事们一起埋头在各类科技杂志、论坛与国际新闻中，抓取有关创新的案例与观点，寻求和不同科技企业开展合作的契机，并分享给联合国儿童基金会在美国、泰国与埃及的各个团队，然后大家共同集结成简报，或是不断进行翻译与校对，帮助联合国儿童基金会的网站实现中国本土化。李贺和同事偶尔也会出现在中非合作论坛与中国国际进口博览会等大型活动的筹备现场，提供调试VR设备等基础性的支持工作。

工作内容循环往复，认真细心与脚踏实地便成为李贺衡量自身成效的两大准绳，他说："有时在整理现场录制的视频资料时，只为听清其中的一句话，我要把这个视频来来回回看上很多遍。"虽然身处细碎与烦琐的资料矩阵中，但李贺仍然找到了联合国工作的新鲜感与意义所在，他说："虽然我在课堂上学习了许多项目管理的理论知识，但这是我第一次真正参与到与联合国儿童基金会有关的创新项目的实践中。"

巅峰之上的高光：亮相国际舞台

在上级官员的带领下，李贺和同事们参与了联合国儿童基金会的一项庞大工程——"区块链和儿童"（Block Chain and Children）研究。他们主要梳理了中国等国家和地区的区块链技术应用情况，整理并写成研究报告。报告中大量收录了与区块链相关联的技术成果，比如欧洲边境身份识别技术的应用等。李贺与同事们希望这些技术成就能够为儿童保护工作提供借鉴。

在2019年夏季达沃斯论坛官方主论坛上，联合国儿童基金会驻华代表芮心月（Cynthia McCaffrey）女士做了《创新为儿童：区块链的价值与回报》的主题发言，主要介绍了联合国儿童基金会基于区块链技术进行的创新性探索与成就。李贺与同事们所撰写的报告，成为垒筑这项庞大研究不可或缺的砖石之一。

对于覃思源来说，作为青年代表参加第三届中非人口与发展会议青年峰会是她在联合国实习的"闪耀瞬间"。这次青年峰会从组织到执行再到最后成果的呈现全部由青年人承担，覃思源作为中方代表具有"近水楼台"的优势，因而她顺利地被推选为中方的青年项目官，并在十分紧急的工作安排下“有惊无险”地完成了任务。

以第三届中非人口与发展大会主题为依据，覃思源和加纳的伙伴共同起草并宣读了一份倡导青年参与和促进性与生殖健康的宣言，希望能让更多青年人加入这份工作，推动性别平等发展，并依托联合国平台促成更多政府层面的合作。

覃思源（左二）与非洲友人合影留念

对于大会举办地（非洲加纳）的年轻妇女来说，她们连获得受教育的机会都是一种奢望，更别说接触类似性别平等这种符合可持续发展精神的观念。在会议上，覃思源结识了不少优秀的非洲年轻人，一位来自埃塞俄比亚的姑娘跟她说，她从六岁就开始投入到促进当地性与生殖健康的工作，当地也有其他的一些伙伴，他们从十几、二十岁就开始从事这项工作。他们创办起各类工作坊，帮助当地的年轻妇女摆脱这方面知识匮乏的状况，希望帮助她们增强自我认知意识。

这次经历也为覃思源带来了生活上的改变。原来的覃思源不会轻易和朋友聊起性与生殖健康方面的话题，但当开口之后她发现身边的朋友也存在对这些知识的诉求。出于热情和兴趣，覃思源很高兴自己能够为朋友们分享相关知识，她成了大家咨询相关问题的对象。

与此同时，毛惠的国际征程也在继续。在2018年8月的联合国开发计划署亚太青年领导力与创新创业论坛上，毛惠主要负责与日本、澳大利亚和泰国等国的青年志愿者以及开发计划署曼谷亚太总部的工作人员对接。她说："联合国多元的文化背景使我愈发意识到跨文化交流的重要性，从思想上认识与在言行上贯彻是坚守联合国价值理念（如可持续发展）的关键。"

在论坛走向尾声之时，毛惠"临危受命"成为闭幕式演讲嘉宾。虽然仅剩下两三天的准备时间，但她无意泛泛而谈。面对30多个国家的300多位青年，毛惠登台抛出一个问题："青年该如何应对未来的挑战？"对此她的答案是——责任感。她说："业已活跃在各行各业的年轻人，需要守住多元社会的底线，虚心学习，积极发声。"

毛惠在闭幕式演讲中

在发声的同时，毛惠也将"责任感"积极践行在工作中：在国务院扶贫开发领导小组办公室举行的中国国际扶贫中心跟进澜湄合作减贫能力提升项目研修班中，毛惠陪同澜湄流域国家的官员与工作人员前往贵州省十几个乡镇实地调研扶贫情况。秉持着“涉及外交无小事”的责任感，毛惠耐心地核实数据，查阅专业名词翻译。在项目结束后，毛惠还惊喜地收到一位柬埔寨工程师的感谢信，在信中这位工程师表达了将女儿送到北京留学的愿望。这段深厚的友谊便是“责任感”给予毛惠的回馈。

实习结束后，覃思源已赶赴国外继续攻读发展学硕士，她期待能够在国外大学环境中接触更多国际组织资源，但也纠结于将陷入不断寻找国际组织短期工作的困境。尽管如此，覃思源还是决定先在学业的旅途上“试一试”。

实习结束之后，李贺先从事了一段时间的IT工作，随后前往国外交流学习。由于对公共部门与国际组织工作仍然抱有强烈的兴趣，再加上联合国工作岗位机会少而宝贵，李贺重新向联合国的众多岗位投递了简历，其中包括与昔日实习相关的创新部门，期待开启与联合国的再一次相遇。

回顾在国际组织工作的经历，毛惠坦言最大的收获还是要一直保持谦逊，保持学习。她称自己是“天地逆旅间一远行客，有些好奇和热忱的远行客。”

未来，这位远行客将继续在国际舞台上步履不停。

校友金句

1. 要想真正参与到与国家卫健委合作或与商务部洽谈等实际工作中，从而为善待老龄人口、推动老龄化经济发展等议题建言献策，揣着一定的知识当然比做一张白纸要好。

2. 有时在整理现场录制的视频资料时，只为听清其中的一句话，我要把这个视频来来回回看上很多遍。

3. 联合国多元的文化背景使我愈发意识到跨文化交流的重要性，从思想上认识与在言行上贯彻是坚守联合国价值理念（如可持续发展）的关键。

4. 业已活跃在各行各业的年轻人，需要守住多元社会的底线，虚心学习，积极发声。

丁杨、房卉、李佳益：去远方，同世界成长

人物简介

丁杨，北京大学地球与空间科学学院2016级硕士研究生，2019年在联合国粮食及农业组织和国际原子能机构联合司实习。

房卉，北京大学法学院2016级法学硕士研究生，2019年在联合国教科文组织雅加达办事处实习。

李佳益，北京大学法学院2013级本科生，2017级法学硕士研究生（国际法方向），2018年在亚洲基础设施投资银行总法律顾问办公室实习，2019—2020年在联合国开发计划署曼谷区域中心实习，现就职于红十字国际委员会东亚地区代表处。

2019年夏初，北京大学即将送走新一批毕业生。从学校的象牙塔到社会的竞技场，6月的风铃声里藏着多少行远的梦想。这一年，丁杨、房卉与李佳益，不约而同地从北京出发，飞越重洋，或遇见维也纳的街头音乐，或畅想雅加达的街边繁华，抑或浸在曼谷的湿热空气里微笑着回应每一句“萨瓦迪卡”，印象中曾遥不可及的联合国已然真实可感。时光流转，既往足迹的延伸线交汇在毕业的岔口——一切似乎从这里开始。

丁杨：随心出发，舍得前行

招聘季，人头攒动的双选会，混杂着焦急、观望与等待。此前，丁杨向联合国和国家留学基金管理委员会的国际组织实习项目投出30多份简历，然而均石沉大海，未有回音，难免令人失望。

丁杨看着眼前的展位，那是新机会在向她招手，抱着试一试的心态，她递交了简历。不久后，一家石油公司向她抛出了橄榄枝。在彷徨不安的招聘季，这无疑是颗定心丸，但此时的她正在等待联合国粮食及农业组织实习生的最终结果。与遥远的联合国相比，石油公司似乎更切合实际，可丁杨是个随心出发的性子，最终她拒绝了石油公司，做好了迎接希望落空的准备。她说："如果联合国的岗位申请失败，我打算回天津加入一些公益组织。在外读书七年了，在家的日子越来越少，和家人待在一起，再做点感兴趣的事情也很不错。"

成长于天津的丁杨有着天津人特有的乐观和幽默，但城市的钢筋水泥森林将她与自然相隔，好在大学本科学习了地质学。她说："天天住在野外，感觉把十八年前没见过的大自然都见了一遍，现在终于感到平衡了。"读硕士时，丁杨又进入了新领域——地球化学，主要从事有关生物和污水处理的研究。基于专业方向，丁杨加入了中国青年应对气候变化行动网络（China Youth Climate Action Network，CYCAN）①。作为实习生，丁杨有幸参加了2017年的联合国气候变化大会。正是从那时起，她亲身接触到了联合国的多项工作，结识了国内外环境保护领域的朋友们。或许这正是自己想做的，一个模糊的想法种在丁杨心中。回想起此前

① 中国青年应对气候变化行动网络由7个中国青年环境组织于2007年8月结合各自优势资源共同发起成立，是中国第一个针对青年参与应对气候变化的组织。

在北大国际组织人才培养课程的讲座中，有第一批在国家留学基金管理委员会申请国际组织实习岗位获得成功的师兄师姐传授经验，有任职于国际组织的前辈校友交流分享，丁杨当时心想“是否自己也有可能？”

打定主意后，丁杨按照国家留学基金管理委员会所列要求，提交了一系列申请材料，并顺利通过笔试，拿到了面试资格。尽管已经反反复复熟读了相关资料，但面对两个复杂的专业性问题，丁杨还是犯了难。思维飞速运转之余，脑海中闪过早已烂熟于心的申请材料。充足的准备和多年积累的学科素养令她很快稳定住情绪，厘清思路，娓娓道来。事后，丁杨总结道：“联合国并非要求员工无所不知，面试前充分准备，掌握好分析方法，将专业基础与分析过程巧妙结合，才可能灵活应对一切变化。”

2019年夏末的一天深夜，已经准备休息的丁杨突然收到联合国要求提交补充材料的邮件，一番忙碌后，那个向往已久的机会终于落定。

从北京出发，飞向维也纳，丁杨却来不及欣赏这个浪漫的音乐之都。她的实验室位于奥地利南部的一个小村庄，住在维也纳市区的丁杨不得不每天早起赶车，早上六点出门，直到傍晚才能回到住处，一天中需要持续进行实验，中间仅有半小时午餐和休息时间。紧凑的工作节奏，有时会令丁杨觉得比在学校学习时还累。幸运的是，与同事们温馨融洽的相处消解了独自工作生活的烦闷。尽管来自不同的国家和地区，热情友善的同事们却总能让丁杨感到舒畅轻松。工作之余，丁杨常常和同事们一同爬山观鸟，在大自然中共度周末。有段时间，丁杨忙于学习德语、申请博士，便经常婉拒同游的邀请，这让她隐隐担心自己可能再难融入其中，但某天一位西班牙同事突然邀请丁杨外出，并让她决定时间，这得以让忙碌的丁杨再次加入到集体中。作为他乡客，丁杨的旅人心披上了一层叫作归属感的外衣。

入职两个月后，丁杨提出开展她曾在申请书上提到的温室气体研究项目。对于实习生来说，主导一个项目是一项巨大的挑战，但同事和领导都给予了她极大的鼓舞："你想要做什么就可以做什么，实验室就在那里。"然而，实验中出现了罕见的异常值。原本只需要测量21天的数据，为了应对异常和误差她坚持监测了49天。很多同事劝她无须坚持，曾经也没有人这样做过。但当数据终于回归正常，异常现象得到解释，项目圆满完成时，丁杨才终于松了口气。最终，这一项目成果在年终汇报时被提交给联合国粮食及农业组织和国际原子能机构联合司司长，司长对此项目给予了特别嘉奖，项目研究成果也被发表在机构的内部通讯和欧洲地球科学联合会摘要中。

回首丁杨的联合国之路，从一开始因好奇心结缘，到漫长的申请，再到在音乐之都维也纳的趣味科研生活，丁杨对这份事业的坚定有增无减。她说："我们为零饥饿目标努力，看到了很多项目落地，帮助非洲人民解决饥饿问题，曾经以为不可实现的事情，现在我正亲眼见证它们的发生。努力或许微小，但总有未知的可能。"

丁杨在第二十三届联合国气候变化大会期间

对话世界自然基金会总干事

房卉：潜心以对，沉淀方澈

与丁杨在好奇心驱动下探索未知不同，房卉通往联合国之路加上了几分必然的意味。她说："申请国际组织实习岗位时我才发现，之前的全部实习经历和志愿服务都是为此服务的。"

2013年，还在读本科的房卉赴重庆市巫溪县白鹿镇大坪村支教。在网页搜索栏中输入"大坪村"，得到的信息寥寥无几，文字、照片、报道的缺失说明了这里的偏僻闭塞，以及可以想见的贫困问题。在这里支教时，房卉遇到了一个六七岁的男孩。在所有学生中，他最为调皮捣蛋，有不少坏习惯，甚至让所有老师都感到恼火。一次课后家访，房卉得知，男孩和祖父母一起生活，他的父亲已在一次矿难中去世，家里虽然得到一笔钱，却被闻声而至的亲戚们"瓜分殆尽"，留给他的少之又少。这让从小平安顺利、涉世未深的房卉见识到了现实生活中的另一侧面。

大坪村的大部分孩子是留守儿童，有不少女性嫁过来生了孩子后，因无法忍受这里的贫困而又出走另谋生路，从此杳无音信。房卉说："这样的事情我之前也听说过，但是在这个村子里，出走的母亲的比例之高还是让我感到震惊。"陪伴的缺失与失去至亲的伤痛积压在仅仅六七岁的男孩身上，他就成了人们所看到的样子。

前来支教的大学生们十分同情孩子们的遭遇，希望能尽已所能地去圆这些留守孩子们的梦。然而，孩子们的世界中突然闯入了予取予求的"圣诞老人"，久而久之，年幼的他们对支教大学生们便形成了依赖与误解。当房卉热心地询问他们需要哪些帮助时，一个孩子提出希望志愿者们为其购买点读机，在他们的意识里，志愿者理应满足他们的需求。房卉说："当时我们一个月也就一千多的生活费，而一台点读机大概要四五百块钱，对我们而言其实并不便宜。大坪村这些年来来往往来过许多志愿者，但‘撒钱式’的帮助在不经意间造成了更多的问题。”这更加增进了房卉对公益的认识，即公益要有原则地、切实地进行。

带着反思与经验，2017年年末，房卉加入“大爱清尘”组织。该组织由北京大学法学院研究员，同时也是中国著名调查记者的王克勤老师创立，致力于推动预防和最终基本消除尘肺病。房卉通过实地调研，走访患者、医生和专家等，在2018年两会前向政协委员和人大代表提交了增设 “职业卫生工程”专业的提案，后经多次修改最终被采纳。很快，该提案获得教育部审批通过，中国劳动关系学院于2019年开始招收首批本科生。这是房卉第一次看到自己的所建之言、所献之策被付诸实践。

在艰难的毕业季，房卉经历了国家公务员考试的失败，但她十分坦然。她坚信，人生难免磕绊，却总会有幸运之神降临。不久，房卉注意到国家留学基金管理委员会官网发布了国际组织选派相关通知，各项条件逐一比对下来，她发现自己都很符合。于是她通过学校递交了申请，层层筛选后，房卉和另一位申请者进入决赛，竞争唯一的岗位名额。

联合国教科文组织雅加达办事处决定加试，要求用学术论文标准撰写回答，而房卉并没有在海外留学的经历，对英文学术规范与写作方法不甚了解。这时一位海外留学的朋友向她伸出了援手，为她提供了翔实的参考资料。在朋友的帮助下，房卉完成了最后的冲刺。回想起申请国际组织实习岗位的那段时光，房卉说：“无论是身边的同学、远方的朋友，还是我十分敬重的老师、默默支持我的家人，少了他们其中任何一份支持，我都是申请不上的。”

2020年年初，受公共卫生事件影响，房卉的入职时间被推迟了，但她从未有一刻停止过对弱者的关怀。形容自己时，房卉用了“急公好义”这个词，在乡村，在坊间实地调查的现场，她是语文老师，是提案人，是翻译，是文化工作者，是为困难群体争取权益的实干者。她关心中国，也关心世界的其他角落，一切弱者的声音，值得她用理想和行动去捍卫。

李佳益：凝心聚力，放眼八方

同丁杨和房卉相比，李佳益的国际组织经历似乎有点“一步到位”的意味。从大二辅修法语，到研究生阶段选择国际法作为研究方向，并跟随学校的学生国际交流协会远赴越南，参加“牛剑”合办国际法暑期学校……李佳益似乎早早做好了职业规划。对国际组织一直保持着好奇的她，选择机会来的时候就要去看一下。

大学四年级时，李佳益参加了Jessup（杰赛普）国际法模拟法庭辩论赛，当时有一个和人权高度相关的议题引起了她的兴趣。于是，成功保研的她申请了北京大学法学院与瑞典罗尔·瓦伦堡人权与人道法研究所合办的人权硕士项目，并成功入选。该项目面向国内已保研及研究生招生，由瑞典方面出资支持，由外籍老师来华上课。通过这一项目，李佳益积累了国际人权法方面的知识，在兴趣的驱动下，她选择将人权法作为硕士毕业论文方向。

本科毕业后，李佳益继续攻读法学硕士学位。在国际组织法课程上，她结识了在国际组织工作的官员，并前往德国慕尼黑参加了国际法相关的暑期学校。过硬的学科实力与丰富的国际交流经验，在机会偶然到来时，无疑成为李佳益的最大助力。2018年北京大学法学院与亚洲基础设施投资银行开展实习生合作，李佳益成功获得仅有的两个推荐名额之一，成为亚洲基础设施投资银行总法律顾问办公室第一批实习生中的一员，顺利走上通往国际组织之路。

李佳益（左四）在亚洲基础设施投资银行总法律顾问办公室实习时

亚洲基础设施投资银行的全职实习意味着不能兼顾应届春秋招，两者权衡之间李佳益选择了前者。在这里，李佳益的工作主要围绕国际行政法展开，进行日常法律研究，有时也会为其他工作提供支持。作为法学专业的学生，通过多年的系统学习，她已经积累了丰富的专业知识，但在处理实际法律问题时，她发现理论与实践之间仍然存在很大距离。这使得她逐渐养成了以问题为导向的思维方式。

这种以问题为导向的思维方式在她进入联合国开发计划署后继续保持。国际组织的工作朝九晚六，每周工作五天，通常无须熬夜加班。休息的时间里，李佳益每天都会抽出时间阅读专业材料，以加深自己对于工作内容的理解。

相比亚洲基础设施投资银行实习偏重组织支持，李佳益在联合国开发计划署得到了参与具体项目的机会，主要负责减灾评价指标体系的构建，该体系旨在帮助国家在建设过程中提高抗灾防灾能力，以降低后期灾害的影响。这个项目与李佳益的专业并没有什么紧密联系，但李佳益对这份工作充满期待。她说："这个项目属于创新性的工作，对我来说也是专业以外的拓展，可以有足够的自主空间。构建适用于多国的指标体系是一项非常庞杂烦琐的工作，需要深入理解并考虑各个维度，才能去搭建整体架构，明确每个细部的定义。"

回首自己的职业规划，李佳益坦言其实风险一直存在，自己也在不断权衡和抉择。如果没有进入国际组织，她可能会像大多数同学一样，选择去国内一家律所工作，稳定发展。但是当机会来临，她还是想抓住，到外面去看一看。对于以后的职业规划，李佳益并没有很明确的方向，她说："我将来有可能会继续留在国际组织，但自己还年轻，更希望去见一见世界，不需要在年轻时就给自己的人生设限。"

在维也纳工作的日子里，丁杨将自己的所学贡献到项目中，同时，她也更加切身感受到，联合国并非虚无缥缈，放眼千百年之后的地球，那些宏大的课题与人类命运息息相关，而自己作为微小的一分子，正身处其中，面对着无限的可能。房卉也从未有一刻停止过对世界的关怀，在一次次国际性危机中她越发感到国际组织的力量不可或缺。李佳益很快由一个小心翼翼的新人成长为能够独当一面的实习生，关于未来，她尚且无法给出确切答案，但必定就在远方——在远方探索，与世界成长。

校友金句

1. 联合国并非要求员工无所不知，面试前充分准备，掌握好分析方法，将专业基础与分析过程巧妙结合，才可能灵活应对一切变化。

2. 努力或许微小，但总有未知的可能。

3. 这个项目属于创新性的工作，对我来说也是专业以外的拓展，可以有足够的自主空间。构建适用于多国的指标体系是一项非常庞杂烦琐的工作，需要深入理解并考虑各个维度，才能去搭建整体架构，明确每个细部的定义。

4. 联合国并非虚无缥缈，放眼千百年之后的地球，那些宏大的课题与人类命运息息相关，而自己作为微小的一分子，正身处其中，面对着无限的可能。

附录

附录一
国际组织介绍

20世纪以来，国际组织的数量迅速增加，截至2024年5月已经达到75000个[1]。为了便于读者更清晰地了解国际组织，此附录将对国际组织进行分类，并以联合国为例介绍国际组织的结构框架，读者可以通过这部分内容从整体上把握国际组织的概况，加深对国际组织的认识和了解。

一、国际组织的分类

国际组织是指由来自两个以上的主权国家的成员（含政府和非政府成

① 数据来自：https://uia.org/yearbook（上网时间：2024年5月15日）。

员）为实现共同的利益，根据某种协定而建立的常设性组织。一般来说，国际组织有三种基本的分类方式：一是按照参与主体的性质进行分类，二是按照参与主体的地域范围进行分类，三是按照工作领域进行分类。

（一）按照参与主体的性质和参与主体的地域范围进行分类

按照参与主体的性质，国际组织可以分为政府间国际组织和非政府间国际组织。

按照参与主体的地域范围，国际组织可以分为全球性国际组织和区域性国际组织。

综合以上两种分类方式，我们可以归纳出四类国际组织：全球性政府间国际组织、全球性非政府间国际组织、区域性政府间国际组织、区域性非政府间国际组织。

1. 全球性政府间国际组织

全球性政府间国际组织是指由主权国家政府出面发起组织并参与其中的国际组织。全球性政府间国际组织的全球性主要体现在两个方面：第一，由世界范围内的主权国家政府组织成立；第二，主要目的是解决全球性的、国与国之间的政治、经济、文化、安全、教育、医疗卫生等问题。国际联盟是世界上第一个全球性政府间国际组织，联合国及其附属组织（包括方案、基金和专门机构）是最具代表性的全球性政府间国际组织。

2. 全球性非政府间国际组织

全球性非政府间国际组织是指在世界范围内，由民间人士而非主权国家发起组织的国际组织。全球性非政府间国际组织具有广泛性，它接纳全球范围内一切符合基本条件的个人、团体和组织成为其成员。例如，国际奥林匹克委员会是一个非政府、非营利性质的国际体育组织，并且它接纳来自全世界的体育协会，因此，它是全球性非政府间国际组织的一个典型代表。

3. 区域性政府间国际组织

区域性政府间国际组织是指由特定而非所有地区的主权国家政府出面发起组织并参与其中，以解决国与国之间的政治、经济、文化、安全、教育、医疗卫生等问题为目标的国际组织。与全球性政府间国际组织相比，区域性政府间国际组织具有相对的封闭性和排他性，其成员的准入门槛比较高，且往往以地域作为是否准入的一个重要条件。例如，欧洲联盟、亚洲开发银行就是较为典型的区域性政府间国际组织。

4. 区域性非政府间国际组织

区域性非政府间国际组织是指在特定地域范围内，由民间人士而非主权国家发起组织的国际组织。区域性非政府间国际组织往往有两种形式：一是对话或论坛，二是全球性非政府间国际组织在不同区域的分支机构。例如，博鳌亚洲论坛是讨论亚洲地区发展事宜的组织，是区域性非政府间国际组织的典型代表。

（二）按照工作领域进行分类

按照工作领域，国际组织可分为综合性国际组织和专业性国际组织。

1. 综合性国际组织

综合性国际组织是指涉及多个领域的国际组织。综合性国际组织一般影响较大。1920年，国际联盟建立，成为世界上第一个综合性国际组织。现今，比较著名的综合性国际组织有联合国、欧洲联盟、北大西洋公约组织、东南亚国家联盟、非洲联盟等。综合性国际组织由于所涉及工作内容较为丰富，工作领域较为全面，对人才的需求也呈现出专业多元化的特点。

2. 专业性国际组织

专业性国际组织是指从事经济、政治、安全、社会、科技、体育等其中某项单一活动的国际组织，其活动主要限于某一专门领域，而不兼有多方面的任务。专业性国际组织呈现出种类多、范围广的特点。部分专业性国际组织如表1所示。

表1　部分专业性国际组织

工作领域	专业性国际组织名称
经济金融领域	亚洲基础设施投资银行（AIIB）
	中日韩三国合作秘书处（TCS）
	中国－东盟中心（ASEAN–China Centre）
	亚欧基金（ASEF）
	亚洲开发银行（ADB）
	泛美开发银行（IADB）
	非洲开发银行（ADB）
	国际清算银行（BIS）
	亚太经合组织（APEC）
	经合组织（OECD）
粮食、能源、卫生、海事、民航等领域	国际山地综合发展中心（ICIMOD）
	生物多样性公约秘书处（CBD）
	世界动物卫生组织（OIE）
	红十字会与红新月会国际联合会（IFRC）
	亚太邮政联盟（APPU）
	国际奥委会（IOC）
	国际海底管理局（ISA）
	全球环境基金秘书处（GEF）
	国际能源署（IEA）
	国际移民组织（IOM）

注：资料来自：http://io.mohrss.gov.cn/col/1002/1007/index.html（上网时间：2024年5月15日）。

续表

工作领域	专业性国际组织名称
知识产权、安全、法律领域	行政首长协调理事会（CEB）
	国际海洋法法庭（ITLOS）
	国际刑事法院（ICC）
	各国议会联盟（IPU）
	国际船级社协会（IACS）
	上合组织地区反恐怖机构（SCO）
	上海合作组织（SCO）
	国际刑警组织（ICPO）
	国际刑事警察组织（INTERPOL）
科技合作领域	亚太空间合作组织（APSCO）
	国际法制计量组织（OIML）
	国际电工委员会（IEC）
	国际标准化组织（ISO）
	地球观测组织（GEO）
	国际热核聚变试验堆组织（ITER）
	平方公里阵列射电望远镜（SKA）
	世界工程组织联合会（WFEO）
	国际科学理事会（ICSU）
	国际遗传工程和生物技术中心（ICGEB）
社会、标准制定领域	国际油污基金组织（IOPC Funds）
	亚太电信组织（APT）
	国际物品编码协会（GS1）
	国际实验室认可合作组织（ILAC）
	国际认可论坛（IAF）
	国际计量测试联合会（IMEKO）
	亚太计量规划组织（APMP）
	亚太法制计量论坛（APLMF）
	国际热带木材组织（ITTO）
	国际发展法律组织（IDLO）

二、联合国系统组织架构

作为世界上规模最大、最重要的全球性政府间国际组织，联合国拥有一套复杂而完善的系统组织架构，了解其组织架构对于认识其他国际组织的组织架构有一定的借鉴意义。因此，这里对联合国的机构设置和框架结构进行梳理和介绍，如图1所示。

联合国由六大主要机构组成：联合国大会是主要的审议机构；联合国安全理事会决定对和平与安全的某些决议；联合国经济及社会理事会协助促进国际经济和社会的合作和发展；联合国秘书处为联合国提供所需的研究、信息和设施；国际法院是联合国主要的司法机构；联合国托管理事会负责解决托管领土事务，在1994年最后一块托管领土帕劳独立后停止运作。

联合国具有复杂的组织架构和广泛的职能领域，因此其系统内还设有一些附属组织。这些组织包括基金、方案和专门机构。基金和方案包括联合国开发计划署、联合国儿童基金会、世界粮食计划署、联合国环境规划署等；而联合国专门机构包括世界卫生组织、联合国粮食及农业组织、国际货币基金组织、联合国教科文组织、世界气象组织等。

在联合国现在运转的五大机构中，除国际法院的总部位于荷兰海牙，其余四个机构的总部都位于美国纽约的联合国总部。联合国其他专门机构的总部则分设于联合国驻日内瓦、维也纳和内罗毕的三个办事处。除此之外，各种机构的地区分部、专门机构、研究和培训机构、项目和基金以及其他的众多联合国实体，还广泛分布在全球各个角落。

图1 联合国系统组织架构

注：资料来自：https://www.un.org/sites/un2.un.org/files/2023/07/chart2023.pdf（上网时间：2024年5月15日）。

附录二
国际组织信息获取

随着在全球治理中日益发挥重要作用，我国对国际组织人才的需求正在大量增加，到国际组织就职逐渐成为当代中国学生大有可为的职业发展路径。然而，作为一个就业选择，进入国际组织并非轻而易举之事，因为除了竞争激烈，求职之前的准备工作往往就有很高要求。

本部分将择要介绍获取各类国际组织信息的途径，为有潜力、有志向的优秀青年提供向国际组织求职的重要参考。

一、国家相关政策与信息获取平台

近年来，国家相关部委相继推出国际组织信息服务平台，其中较为重要的有教育部主办的“高校毕业生到国际组织实习任职信息服务平台”，以及人力资源和社会保障部主办的“国际组织人才信息服务网”。这两个平台对主要国际组织的基本情况、国际组织人事制度等均有详细介绍，并对国内各高校或相关协会开展的国际组织人才培养项目有定期推介，也会第一时间推出与中国较为相关的国际组织资讯、部分国际组织招聘信息等。如果有志于进入国际组织实习或工作，很有必要及时关注。

此外，国家有关部委也在积极开展国际组织人才方面的培训、讲座等活动。例如，由人力资源和社会保障部、教育部主办的“鼓励支持大学生到国际组织实习任职全国高校巡讲活动”，2017年先后在西安、广州、上海、北京四地成功举行，共有39所高校的2000余名师生参加巡讲，为加深青年学生对国际组织的了解，促使他们增长应聘知识和技能，及时了解国家最新政策信息起到了良好作用。与此同时，教育部也高度重视对高校就业指导工作者的培养，面向高校就业指导部门的老师举办专门培训班，从国家相关政策、国际组织竞聘程序和规则、国际组织实习项目等方面给予高校就业指导工作者专业指导。

二、国家资助的国际组织实习项目

为了帮助更多有意愿到国际组织实习的学生顺利度过实习期，国家留学基金管理委员会（以下简称“国家留学基金委”）专门设立并实施了国际组织实习项目。根据与相应国际组织签署的合作协议，由国家留学基金委采取个人申请、单位推荐、专家评审、择优录取等方式，选拔资助优秀学生赴相应国际组织总部或其地区办事处（驻华办事处除外）实习。资助费用包括：一次往返国际旅费、资助期限内的奖学金（包括伙食费、住宿费、交通费、电话费、医疗保险费、交际费、一次性安置费、签证延长费、零用费等）和艰苦地区补贴。到2024年5月，国家留学基金委已先后开展了赴国际民用航空组织、联合国教科文组织、国际电信联盟、联合国难民事务高级专员办事处、联合国粮食及农业组织等17个国际组织实习人员的选派工作。此项目对有意愿到国际组织实习乃至工作的大学生具有实实在在的帮助作用。对此感兴趣的同学务必抓住相应机会。本部分也将依据《2024年国际组织实习项目指南》重点介绍申请该项目的相关要求和流程：

1. 项目申请条件

本项目对申请时年龄满18周岁，不超过32周岁（特殊岗位要求除外）的国内、国外本科及以上在校生或学士及以上学位获得者（含在资助期内的国家公派出国留学人员、国内在职人员）开放，要求申请人具有强烈的事业心、责任感、献身精神，以及较强的综合素质、国际视野和多元文化意识，熟悉国际合作规范；能够适应国际工作环境，具备良好的人际沟通能力；具备熟练运用办公软件的能力；外语水平良好，精通英语或掌握国际组织使用的其他语言，达到相应国际组织的语言要求。通过单位或个人渠道联系国际组织派出的申请人在申请时应已获得国际组织实地（在岗）全职实习录用通知。此外，不同岗位对申请人的要求也不同，详见具体岗位需求。

2. 从申请准备到成功派出的六个步骤

（1）申请准备

首先，有意者需密切关注国家留学基金委官网上的国际组织实习项目专栏，国家留学基金委将不定期发布相关国际组织实习岗位的实习人员选派公告与选派办法。申请人员查看合作项目的选派办法，确定是否有资格申请，随后确定意向岗位，准备申请材料，向所在单位提出申请。

（2）正式申请

经所在单位同意后，申请人登录国家公派留学管理信息平台进行网上报名。申请人按国家留学基金委与有关国际组织合作项目要求填写申请表、上传申请材料，并按时提交至相应受理单位。受理单位在对申请人的资格、综合素质、发展潜力、国际交流能力、品德修养及身心健康情况等方面进行审核后，得出具有针对性的单位推荐意见，并将申请材料统一提交至国家留学基金委。

有关高校负责受理本校人员的申请；国内其他人员的申请由所在省/直辖市教育厅（教委）有关国家留学基金申请受理单位负责受理（详见国家留学基金委网站）。已在国内注册学籍的学生（含正在外学习的联合培养学生）及工作关系在国内的人员均应通过国内单位推荐，由国内有关受理单位负责受理。在外留学人员的申请委托由现就读院校或科研机构所在国我驻外使（领）馆教育处（组）负责受理。

（3）国家留学基金委评审

（4）国际组织筛选

国际组织将对通过CSC评审的候选人进行筛选（包括电话、视频面试等方式），确定录用人员及岗位。

（5）获得录取结果

国家留学基金委通过国家公派留学管理信息平台公布录取结果。申请人须及时登录系统查看录取结果，下载打印录取文件。

（6）成功派出

被录取人员应及时与有关国际组织沟通，确定派出时间并办理派出手续。被录取人员需登录国家公派留学管理信息平台查阅是否需要办理"同意办理派出手续的函"及办理方式；签署《国家公派出国留学协议书》；联系相关留学服务机构办理签证、预订机票等派出手续。留学人员自抵达留学所在国后10日内按要求向中国驻实习所在国使（领）馆办理报到手续。

总体而言，由国家留学基金委为实习人员提供的资助与补贴，形式广泛，十分优厚。随着中国与国际组织合作的日益密切，我们有理由相信，将有越来越多的实习生选派机会产生，并涵盖更多的国际组织，为一些有志于到国际组织（尤其是去总部）实习的同学提供更坚实的保障。为此，同学们应时常关注国家留学基金委的官网，尤其是国际组织实习项目专栏上的相关实习信息，珍惜并利用好国家为我们创造的这些宝贵机会，为社会、国家、世界做出应有的贡献。

部分相关信息服务平台如表2所示。

表2　部分相关信息服务平台

平台名称	网址或微公众信号
高校毕业生到国际组织实习任职信息服务平台（教育部）	http://gj.ncss.org.cn/index.html
国际组织人才信息服务网（人力资源和社会保障部）	http://io.mohrss.gov.cn/
国家留学网（可在首页搜索"国际组织实习"）	https://www.csc.edu.cn/
高校毕业生到国际组织实习任职微信公众号	gjzzzp
北京大学学生就业指导服务中心国际组织就业信息网	http://io.scc.pku.edu.cn/home
清华大学学生职业发展指导中心"国际组织"专栏	https://career.tsinghua.edu.cn/gjzz.htm

注：网址访问时间为2024年5月15日。

附录三
国际组织求职指南

在申请环节中，简历和求职信是国际组织求职申请中必不可少的材料。简历和求职信筛选之后，大部分机构还会组织面试。可以说，简历和求职信的撰写以及面试技巧的应用在国际组织求职过程中都是至关重要的。本部分将为大家解读国际组织求职的各个环节，分享应对策略。（以下内容不仅适用于联合国系统，也适用于其他国际组织。）

一、简历

据相关的国际组织人事负责人介绍，简历资料审查阶段就会有大约20%的人不合格。这一点表明有很多不符合公告要求的“无效应聘”。

而在求职信、证明材料等应聘资料转到相应招聘部门之后，经过内容审查，又会有大约90%的人被淘汰。也就是说最终只有不到十分之一的人能获得面试机会，可见简历有多么重要。

（一）简历的制作原则

求职者在准备简历的时候需要时刻保持积极的心态，并且尝试设身处地从国际组织招聘负责人的角度考虑问题——如果我是国际组织的人力资源专员，我会青睐怎样的人。带着这样的思考，我们才能更好地完成简历的制作。毕竟，只有约10%的申请人才能获得面试机会，所以求职者需要认真分析应聘岗位的要求，详细分析自己的优势，找到自己的定位，简要而恰当地介绍自己。岗位信息中最值得关注的是“工作内容”与“要求条件”。求职者应当根据这两项内容，全面总结自己的能力与经验，清晰地将自身的能力和经验与工作内容和要求条件进行匹配。

另外，在申请实习岗位的过程中可能会出现这样的情况：从其他方面来看，我肯定是最佳人选，但是学历不满足对方的要求。面对这种情况，要勇于尝试，可以在简历中恰当的地方以醒目的方式说明相关情况，如今年9月份自己马上要进入硕士课程学习，或者拥有一个持有硕士学位的人也很难考下的职业资格证，或者参与过某种大型项目、具有优秀的实际工作能力等。若是能再加一个具有客观性的证明，那就是锦上添花了。但是，切记证明要以事实为基础，不要夸大事实，更不能提供虚假的信息。

（二）简历填写指南

国际组织应聘简历往往通过网申系统提交，这里以申请联合国某岗位为例进行介绍。竞聘联合国机构的工作一般都需要通过UN Inspira系统（https://inspira.un.org/）网申。在UN Inspira注册账号后，首先需要创建个人档案（My Profile）。个人档案可以随时在网上更新。个人档案中需要填写的信息包括以下几个部分。

第一部分：Personal Details（个人信息）

1. Given Name，Family name，Middle name，Name Prefix，Other Name

名、姓、中间名（如有）、称呼（可选择Mr, Ms, Dr等）、曾用名（如有），根据要求填写姓名。

2. Date of birth

根据要求填写生日。

3. Gener

填写性别，选择Male（男）或Female（女）。

4. Email Address

填写邮箱，Primary Address为必填项，即最常用的邮箱地址；Alternate Address为选填项，即备用邮箱。

5. Telephone Numbers

电话号码，有三个可填的号码类型：工作号码、家庭号码、手机号码，均非必填项。虽然电话号码没有格式要求，但最好写上国家代码，如在填写中国手机号码时在11位手机号前面加上“+86”。

6. Address Details

地址信息，应聘国际组织从申请到招聘需要较长时间，最好填写变动可能性小的地址，即常住地址（Permanent address）。此外还需要填现居地址（Current Address）。英文地址格式一般为：门牌号、路、区、城市、国家，如北京大学的地址为：Peking University, No.5

Yiheyuan Rd, Haidian District, Beijing, China. 如果不确定自己地址的英文写法，可以参考谷歌地图。

第二部分：Famlily Details（家庭信息）

1. Marital status：Single / Married / Divorced

填写婚姻情况。

2. Do you have dependent children?

是否有抚养子女？此项是指应聘者是否有在经济上依赖应聘者的子女，包括亲生子女（Daughter/Son）、领养子女（Legally adopted daughter/son）和继子继女（Step-daughter/Step-son）。如有，就要填写子女的姓名、生日、国籍、性别、与应聘者的关系等基本信息。这一项关系到应聘之后的抚养家庭津贴。当然，招聘之后，对方会要求应聘者出示抚养家庭证明，然后对方再进行核实。

3. Are any of your relatives employed by the United Nations Secretariat?

是否有在联合国系统工作的亲属？如有，可在列表中选择亲属所在机构的简称，并填写亲属的姓名、工号、与申请者之间的关系等基本信息。从保证人事任免公正性方面出发，许多国际组织采用亲属回避制度，即避免录用该组织工作人员的亲属。如果应聘的组织并非应聘者亲属所在组织，则一般不会有问题。

4. Emergency contact

紧急联系人：需填写至少一位紧急联系人，提供其姓名、联系方式、与应聘者之间的关系等基本信息。

第三部分：Nationality & Residence（国籍和居留情况）

1. Country of nationality

国籍所在国

2. Nationality at birth

填写出生时的国籍，如出生时为多重国籍，可添加多条国籍信息。

3. Have you taken any legal steps towards changing your present nationality?

您是否正在变更国籍？如果是，应填写正在申请的国籍和预计变更完成时间，并简述已完成的法律手续。联合国等国际组织之所以询问这一问题，是为了考虑地理（大陆）分配，所以申请者应如实回答。

4. Do you have multiple nationalities?

您是否拥有多重国籍？（注意中国不承认多重国籍）

5. Have you taken legal permanent resident status in any country other than your current nationality?

您是否在国籍所在国之外的国家拥有永久居住权？如有，则需填写永久居住权所在国和居住权生效时间。

6. Please attach a scanned copy of the first page of your passport and/or ID card and/or birth certificate, if possible. Note: Attachments older than 7 years have been removed, and you cannot view or download them.

上传护照、身份证或出生证明的扫描件。注意：如果上传时间超过7年，系统会自动移除文件，申请者无法再查看或下载。申请者应注意及时更新身份证明材料。

7. Do you need any assistance to perform the work related to the position for which you are applying?

您是否需要辅助来完成正在申请的工作？这是在询问申请者是否

有身体障碍，如有，可选择需要助听器（Hearing aid）、视觉辅助（Visual aid）、轮椅（Wheelchair）或简述其他类型的辅助。

8. Working for the United Nations might require an assignment to any area of the world in which the United Nations might have responsibilities. Do you need any assistance to travel?

联合国的工作可能需要您前往任一地区，您在出行中是否需要辅助？在这里申请者选择的辅助一般应与上一条相同。

9. Have you ever committed, been convicted of, or prosecuted for, any criminal offence? Have you ever been involved, by act or omission, in the commission of any violation of international human rights law or international humanitarian law? If Yes, please provide the reason, the resolution and a brief explanation:

您是否曾因任何刑事犯罪而被定罪或起诉？您是否曾因作为或不作为而参与任何违反国际人权法或国际人道主义法的行为？若“是”，请提供原因、决议和简要解释。联合国需要了解申请者是否有相关的犯罪记录。

10. Have you ever committed, been investigated for, been prosecuted for, had a finding against you for, or been convicted of an offence for, engaging in sexual exploitation and/or abuse? If the answer to the above question is “yes”, please specify the conduct(s) and provide the resolution below.

您是否曾因从事性剥削和/或性虐待而犯罪、被调查、被起诉、被裁定有罪或被定罪？如果对上述问题的回答为“是”，请具体说明有关行为，并提供解决方案。

11. Are you a successful candidate of the National Competitive Recruitment Examination (NCRE) or the competitive examination for recruitment to the Professional category of staff members from other categories (G-to-P), or the United Nations Young Professionals Programme examination (YPP)?

您是国家竞争性征聘考试（NCRE）、其他职类工作人员专业职类征聘竞争性考试（G-to-P）或联合国青年专业人员方案（YPP）的成功候选人吗？通过了相关竞争性考试的申请者，将有可能被优先考虑。

填写完个人档案后，申请者需要回到主页，在在线开放招聘的工作岗位中检索到自己需要申请的岗位。请注意，联合国实习一般是I类的临时空缺岗位（temporary job opening）。申请者应针对所申请的岗位创建申请。然后在“我的申请”中查看创建和提交过的所有申请。在申请新岗位时，可以新建申请，也可以在旧申请的基础上修改，因为系统会保存未完成的申请。以下为申请的主要信息：

第一部分：勾选了解该职位信息的渠道

除勾选了解该职位信息的渠道这外，在这一部分申请者还需要填写是否是第一次申请联合国岗位等信息。

第二部分：Job Requirements（岗位要求）

这部分一般以问答的形式呈现，问题的内容和数量会因岗位要求不同而不同，以便招聘者最简单直接地了解申请者的情况。在回答这一部分的问题时，字数不宜过多，简单直接地给予具体信息即可。另外，在回答这一部分问题之前，申请者需要提前仔细阅读岗位的招聘信息。以下为申请实习岗位时的常见问题。

1. Applicants to the UN Internship Programme are not required to have professional work experience. However, a field of study that is closely related to the type of internship that you are applying for is required. Please explain how you meet this criterion using examples.

联合国实习岗位的申请者不要求有专业工作经验。但是，要求您所学专业与您申请的实习类型密切相关。请举例说明您是如何达到这一标准的。

申请者需要在这个问题中简要说明自己的教育背景，一般从本科的专业开始说明。将自己的专业内容与岗位的要求密切地关联在一起。若申请者有与岗位相关的工作经验或者学生工作经验，也可以在此处说明，并举例解释该经验将如何帮助自己胜任该岗位。

2. Applicants must be a student in the final year of the first university degree (bachelor or equivalent), Master's or Ph.D. Programme or equivalent, or have completed a Bachelor's, Master's or PH.D. Programme. Do you meet any of the above criteria? If yes, please indicate which one and attach proof to the application. Please note that you will have to provide an official certificate at a later stage. Please explain how you meet this criterion using examples.

申请者必须是大学第一学位（学士或同等学力）、硕士或博士课程或同等学力课程最后一年的学生，或已完成学士、硕士或博士课程。您是否符合上述标准？如果是，请注明是哪一项，并在申请表中附上相关证明。请注意，您需要在稍后阶段提供官方证明。请举例说明您是如何满足这一标准的。

申请者需要在这个问题中简要地回答自己的学位信息，并附上专业、年级、院校等信息。若申请者还不满足该岗位的学位要求，但满足对其他能力的要求，有时也有机会被录用，可以提供现有学位或在读学位的有关信息。

3. Candidates for the UN Internship Programme are required to cover the cost of travel including visa, accommodation, health insurance and other living expenses for the duration of the internship. Will you be able to cover all the above-mentioned expenses? Please explain below. 联合国实习的候选人必须承担包括签证、住宿、医疗保险在内的旅行费用以及实习期间的其他生活费用。您有能力承担上述所有费用吗？请解释。

申请者简单说明情况即可，签证方面说明自己的身份信息或者自己的签证类型。经济来源方面，说明真实情况，比如由父母资助、通过奖学金获得经济来源等。

4. Have you completed a UN Internship before? If yes, please include the UN entity as well as concrete dates? Please explain below.

您以前是否完成过联合国实习？如果是，请注明联合国实体以及具体日期？请在下面解释。

若没有联合国实习经历，则勾选不符合此条要求即可，一般情况下联合国可能会优先考虑有其他联合国机构工作经验的申请者，但这并不是申请能否成功的决定性因素。

第三部分：Education/Languages（教育背景和语言能力）

1. Educational Details（教育背景）

此项只需要填写已获得或正在修习的学位，不需要填写具体的学习内容或成就。本部分可以填写Higher Education/University degrees 高等教育学位、High School/Secondary education高中教育背景和至多六个Completed Non-UN Certificates/Diplomas非联合国的证书或文凭。请注意，在填写学校名字时，若是国内的学校，需按照学校名字的拼音检索，如“北京大学”，需要检索“Beijing Daxue”。

2. Languages（语言能力）

申请者需要填写自己懂的所有语言，并且分别注明自己每门语言的听说读写水平（Understanding/Speaking/Reading/Writing proficency），水平由高到低分为Fluent, Confident和Baisc。此外还需注明每门语言的习得方式，选项包括母语（Mother Tongue）、正式教育（Formal Education）、非正式习得（Informally Acquired）、自学（Self-Study）和其他（Other）。

在填写语言能力时还会被问到Have you successfully passed the United Nations Language Proficiency Exam（LPE）？这是在询问申请者是否通过该门语言的联合国语言能力考试，申请者根据真实情况选择Yes /No即可。

联合国的六门官方语言分别为英语、法语、俄语、汉语、西班牙语和阿拉伯语，其中英语流利基本是所有联合国岗位的最低要求。此外，根据具体工作地或工作内容，一些岗位的招聘信息中会对特定语言能力提出要求，如Fluency in French is Required（必须法语流利）或Knowlegde of Arabic is desirable（最好懂阿拉伯语）。可见，掌握多门语言能提高录取概率。

第四部分：Experience/References（工作经验/经历）

1. Work Experience工作经历

申请者在本部分需要填写自己过往工作经历和当前工作（如有）。

联合国系统及下属机构的人员可能会在筛选阶段联系申请者过去或当前的单位和直系领导。如果申请者被录用，则需要申请人当前工作单位和直系领导核实相关信息。申请者添加工作经历时需要填写以下信息：

（1）岗位信息（Enter Employment Details）：需要填写工作岗位（Job title）、是否为当前工作（Present Job）、工作起始时间和结束时间。申请人还需要回答：该工作是否为申请人所在国的政府公务员（Is this a civil servant position in your government）？工作单位是否属于联合国秘书处（Is the employer part of the UN Secretariat）？工作单位是否为其他联合国机构（Is the employer another UN entity）？如果申请人曾在联合国机构工作，则需要填写具体机构名称、岗位级别、工作类型等基本信息。

（2）工作单位（Employer Details）：需要填写工作单位的名称、电话、所在国家和城市，还需要填写主管（Supervisor）的姓名和邮箱。

（3）工作信息（Employment Details）

这一项需要填写工作领域，工作类型，过往工作内容、下属人数、离职原因等信息。工作领域的选项包括政府工作（Government）、咨询（Consulting）、国际组织（International Organization）、非政府组织（NGO）、私营部门（Private Sector）、服务行业（Services）、个体经营（Self-Employed）和其他（Other）。工作类型的选项包括全职（Full Time）、兼职（Part Time）和实习（Intern）。过往工作内容需要用不超过1000字进行描述，注意写明过往工作与所申请岗位的适配之处。要求申请者写明在过往工作中的下属人数，是为了判断申请者的管理能力，如果直属下属有3人，且这3人又分别管理5名下属，可以写 Chiefs who supervised total 15 staffs。写过往工作离职原因

（Reason for Leaving）时要尽可能写积极的原因，如Reassignment due to restructuring，Career advancement，Career development，End of term，等等。

2. Employment status and history in the UN system and related organizations（在联合国系统和机构的工作经历和现状）

这一部分有以下三个选项：

（1）I have never worked in the United Nations system or related organizations（我从未在联合国系统和机构中工作过）；

（2）I'm currently working in the United Nations system or related organizations（我正在联合国系统或机构中工作）；

（3）I have previously worked in the United Nations system or related organizations（我曾在联合国系统或机构中工作过）。

如果选择了后两个选项，则需要填写从事过或正在从事的联合国工作的信息，包括机构名称、工号、工作时间、工作类型和离职原因。

3. References other than supervisors（现任主管以外的推荐人）

申请者需要列出至少三位推荐人。推荐人可以是申请者的教授、导师、同事、同行、团队成员、前任主管或客户等。申请者需提供出推荐人的姓名、职位、工作单位、电话和邮箱，并注明与申请者的关系。推荐人最好多样化，比如来自不同机构和工作领域。注意，推荐人不应该与申请人有私人关系，如不能是申请人的亲人或朋友。填写推荐人是必需的，但是推荐信通常不是必须提交的，若需要提交，则在岗位提交部分(Review/Submit)前的其他信息(Other information)部分上传。

第五部分：Motivation Statement（动机陈述）

陈述为什么想申请这个岗位，以及申请人有哪些资历能够胜任这一岗位。2000字以内。动机陈述与通常的自我介绍不同，它应该与岗位更有关联性。这部分是整个网申最重要的部分之一。请在这部分开门见山地写内容，不需要过多的抬头、称谓、对岗位的详细描述等。动机陈述一般需要提到以下关键信息：

（1）说明所申请的机构、部门及具体岗位；

（2）结合个人背景阐述申请动机；

（3）结合具体的技能、工作经验说明自己适合这个岗位的原因；

（4）补充自己对该岗位的展望，如希望通过此岗位来提升自己的哪些技能、个人职业规划等。

第六部分：Other Information（其他信息）

1. Attachments（附件）

按要求上传文件，包括护照和学位证书等。护照、学位证书或在读证明通常是必须上传的，其他与申请中提到的相关经历有关的证书也可以作为补充证据，在此处上传。请注意，如需上传简历和推荐信，也要在此处上传，上传的简历中不要含有个人照片。

2. Have you ever committed, been convicted of, or prosecuted for, any criminal offence? Have you ever been involved, by act or omission, in the commission of any violation of international human rights law or international humanitarian law?

询问申请者是否有犯罪经历，如果有需要选择犯罪原因、判决并进行简述。

3. Have you ever committed, been investigated for, been prosecuted for, had a finding against you for, or been convicted of an offence for, engaging in sexual exploitation and/or abuse? If the answer

to the above question is "yes" , please specify the conduct(s) and provide the resolution below.

询问申请者是否有性犯罪经历，如有，需要简述行为和决议。

4. The General Assembly through Resolution–A/RES/70/114–requires that the UN Secretariat ensures that all UN officials are properly vetted for any prior misconduct.

根据联合国大会A/RES/70/114决议，联合国秘书处需要核查所有联合国工作人员是否曾有不端行为。

（1）For serving United Nations Secretariat staff members: Have you received a disciplinary measure or administrative measure following a disciplinary process? If the answer is "yes," please provide details.

对于所有联合国秘书处工作人员：是否曾受到过行政处罚？如有请提供细节。

（2）For all candidates other than serving Secretariat staff members: Have you been the subject of a workplace disciplinary process or other similar process or a workplace investigation or similar process of which you are aware? If the answer is "yes," please provide the details and provide information about any sanction or measure taken.

对于所有其他候选人：是否曾在工作中受到处罚或接受调查？如有，请提供细节并描述所受的处罚。

5. Are you a successful candidate of the National Competitive Recruitment Examination（NCRE）or the competitive examination for recruitment to the Professional category of staff members from other categories (G–to–P), or the United Nations Young Professionals

Programme examination (YPP)?

申请者是否通过联合国招聘考试，如是，需填写通过考试的时间和应聘的工作领域。

完成以上所有事项后，最后一个环节为Review/Submit（核查和提交）。申请者可以查看并核实自己申请中的全部信息，核查无误后即可提交。

二、求职信

与其他行业求职类似，求职信通常以商务信函的形式呈现，3～5个段落，约一张A4纸大小的篇幅。信件的右上角写上应聘者的姓名与地址，在左上角写上收件人姓名、国际组织名称与负责人部门名称、联系方式、日期等。

求职信的重点在于吸引招聘负责人，从而使其对应聘者的简历产生兴趣。求职信正文内容的关键在于一目了然地展现岗位所要求的知识、能力、资格、资历等。最重要的是仔细查看招聘信息之后，了解对方要求的核心能力。最后在求职信上签字即可。写求职信最好不要用老套的文句。国际组织的人事负责人已经具有丰富的材料审阅经验，对相关参考资料中出现的老套文句非常清楚。

三、面试

过了简历关后，将只有约不到十分之一的应聘者进入面试阶段。从这一点来看，获得面试机会本身已经表明应聘成功了一大步。如果说简历是用资料证明个人的能力，那么面试就是用“自身”证明个人的能力。因此，应聘者要把面试机会当成积极宣传自己的绝好机会。联合国等国际组织不会因为笔试只差一分就决定是否录用一个应聘者，所以具备面试能力的人将更有竞聘优势。

（一）面试的注意事项

1. 要充分准备应聘动机等基本问题

为什么会选择这一机构？为什么会应聘这一岗位？面试时这些问题是无一例外都会提问的。此外，面试官还会提问所应聘国际组织的主要活动内容等，问题范围会越来越广，所以面试前应准确掌握相关内容。

2. 争取给面试官留下较好的第一印象

面试是招聘单位在有限的时间内评估应聘者的过程。所以应聘者不仅要保持良好的心态，而且回答问题时要掌握好时间。面试时，应聘者给面试官留下的第一印象非常重要。这里当然不是说长相好坏等，主要是应聘者要表现出适当的谦虚、适当的气度、明亮的笑容，以及从容的口吻等。

3. 要保持好心态，不要有太大压力

大部分中国应聘者会用英语进行面试。当然，熟练掌握法语的人也可以用法语进行面试。面试语言可能会根据岗位所在国以及岗位的需求而定，而且面试语言并不一定是一种，掌握多种语言的应聘者会有一定的优势。面试时，应聘者稍微有些紧张是正常的，但是不用过于紧张。应聘者要明白语言只是表达手段，它本身不是目的。所以，语言就算稍微不自然也不会成为大问题，重要的是对话的内容、语言的逻辑。招聘单位要求的是开展工作必备的语言的运用能力，要求语言熟练不是让应聘者在所有领域完美地运用语言，而是在执行本职工作中要熟练运用语言，所以应聘者不用对“熟练”一词有太大的压力。

4. 准确理解问题，回答简单明了

面试时应聘者要充分回答面试官的问题。如果面试官语速太快，或者用他们习惯性的表达方式提问使应聘者很难听明白时，应聘者完全可以要求面试官重述一遍问题。确认问题并准确回答远比按照自己的推测，毫无确信地回答要更受面试官青睐。如何表现出自己的确信，展现谦虚的态度，确保手势、视线、声音等自然也是应聘者需要多加注意的地方。

5. 要以应聘者本人立场回答问题

当面试官询问应聘者有哪些工作经验时，应聘者不能站在单位、单位绩效、单位负责人等角度回答问题，要始终保持用“我”做主语，而不是“我们”。

6. 熟练掌握应聘岗位的能力要求

招聘信息中会列明应聘岗位对应聘者的能力要求，往往会具体指明所要求的资格和能力，应聘者一定要提前准备好答案。例如，关于团队合作能力，面试官可能会提出“请介绍团队合作的例子，如果团队出现问题，您是怎么解决的？”除此之外，面试官还会就应聘者的优缺点，以及成功经历、失败经历等进行提问，所以应聘者最好整理好有说服力的个人经历。当被提问失败案例时，不要回答“没有”，最好介绍一段失败经历，若能陈述一些从中获得的反思和收获，那么就会锦上添花。应聘者讲述一个案例大概用两三分钟时间最合适。所陈述的个人经历最好与简历上提及的经历相关，以及与应聘岗位的岗位需求相关。

7. 准备应聘岗位要求的“专业性”问题

除了能力之外，招聘信息中会明确列出应聘岗位所要求的知识、技能、经验等，因此，应聘者也要提前准备好这方面的问题。面试时无法解答出专业性问题可是硬伤。

8. 做好最后的表态

面试结束时，应聘者有必要向面试官表达自己希望在这里工作的意愿。

（二）面试的评分方法

面试中有很多评分项。需要注意的是，国际组织一向重视每位面试官的独立裁量权，但是提高评估的客观性也跟面试官的独立裁量权一样重要。各个国际组织稍有不同，但是大体上都会将评分项分为Excellent、Very good、Good、Adequate、Poor（优秀、好、良好、合格、差）进行评分，评分项一般包括以下几项：

（1）语言能力评估；

（2）客观能力评估，包括学历背景和工作背景；

（3）能力评估，包括团队合作能力、管理能力、领导能力、分析能力、沟通能力、其他（特殊事项）；

（4）性格评估，包括毅力、包容性、灵活性、适应能力、责任心、可靠度、判断能力、敏捷性、领导力、活力、积极性、沟通能力、独立性、自信心、协作能力、乐观、忍耐力、情绪稳定性等。

一些国际组织在判断应聘者的个人性格时，会按照如下项目进行评估。

① Slow / Quick；

② Unsure of oneself / Self confident;

③ Inhabited / Forthcoming Arrogant / Modest Emotional / Self controlled Vague / Precise;

④ Lacking in curiosity / Endowed with a curious mind;

⑤ Inappropriate appearance /Appropriate appearance;

⑥ Unrealistic / Endowed with common sense;

⑦ Aggressive / Assertive;

⑧ Superficial / Thorough;

⑨ Narrow-minded / Open-minded;

⑩ Undecided / Determined;

⑪ Immature / Mature;

⑫ Uncooperative / Cooperative;

⑬ Passive / Dynamic;

⑭ Disorganized / Methodical.

（三）面试形式

国际组织面试方法比较多样化，但也有着可以参考的标准。根据面试的结构化程度，国际组织面试一般可以分为结构化面试、非结构化面试和半结构化面试；根据沟通形式，国际组织面试一般可以分为面对面面试、电话面试和视频面试；根据面试的内容，国际组织面试一般可以分为行为面试、情景面试和压力面试。在实际面试时，面试的形式可能并不是单一的，会结合几种形式进行。以下介绍比较常见的七种面试形式。

1. 结构化面试

结构化面试具有统一的面试流程和面试题目，经过统一培训的面试官按照顺序向应聘者提问，再按照标准答案和对应分数级别给应聘者打分。结构化面试有三个特点：面试程序结构化、面试题目结构化、面试得分结构化，这种面试形式的优势是减少了面试的主观性，从而提高了面试的可靠性和一致性。结构化面试的题目往往会问到动机性问题，如“请谈谈为什么你是这个职位的最佳人选？”也常常会问及能力问题，如“请谈谈你在团队合作中的成功事例，以及你在其中的角色和作用。”在结构化面试中，有些问题和应聘的具体岗位相关，如“能从你的角度谈一谈对于我们部门的理解吗？”

2. 非结构化面试

非结构化面试法没有统一的流程和提问内容，也没有统一的评分标准。面试官可以向应聘者随机提出与工作相关的问题，应聘者的回答也可以比较灵活。非结构化面试的优势是双方互动性及时，对于某些问题可以从多个角度探讨，好的非结构化面试可以更加全面深入地考查应聘者。例如，面试官问：“请谈谈你自己。”“请讲一讲你在前一份实习中的收获。”“你对于这个实习项目的预期收获是什么？”

3. 半结构化面试

半结构化面试是介于非结构化面试和结构化面试之间的一种面试形式，是在预先设计好的试题的基础上，面试官再根据应聘者的表现随机发问。半结构化面试结合了内容的结构性和灵活性，有助于面试官获得更加丰富、完整和深入的信息，并可有效避免单一面试方法的不足。

4. 电话面试

有些招聘单位出于节省经费、方便快捷等考虑，会进行电话面试。电话面试一般比较简短，是初筛的一个环节，但是对于能否进入下一轮面试需要重点注意一些问题。一般而言，在电话面试过程中，面试官会提出三到四个问题。比如，“请简单介绍一下你自己。”这个问题招聘单位希望再次确认简历内容。因此，在电话面试前，应聘者应准备好已递交的简历帮助提示自己。再比如，“为什么你选择申请这个职位？”“你期待的收获是什么？”有时面试官会根据岗位的任职资格提出问题，如“你是否会使用××软件工具？”

5. 视频面试

近几年视频面试正在逐步取代电话面试，视频面试同样能有效节省时间和费用，同时也能远程见到面试者，获得更多面试者的信息。国际组织采用视频面试方式时，一般招聘单位会安排几位面试官同时面试一名应聘者。

无论是电话面试还是视频面试，远程面试事先检查好设备电量和信号情况，找到一个安静便于交流的场所，都是必要的。

6. 行为面试

行为面试法是根据个人行为表现的连贯性原理发展起来的，要求面试者通过描述过往的工作案例或者生活经历来展示个人素质和优势。行为面试在面试中的假设是，一个人过去的行为能预示他未来的行为。例如，在以往的工作中您有过什么好的创意吗？这个问题体现出招聘单位希望招到的应聘者能在所需的岗位上做出有创造性的工作。

7.情景面试

情景面试也是招聘中普遍使用的一种面试方法。采用这种形式时，面试官会根据招聘岗位可能出现的情况来设置问题。情景面试法主要考查应聘者的经验迁移能力，以及分析问题和解决问题的能力。例如，面试官可能会问："您认为要与多元文化、多种族的多国籍人建立人际关系需要注意什么？"

（四）实际面试中出现的问题示例

面试的过程主要是招聘单位考查应聘者的性格是否符合招聘岗位需求，以及应聘者是否具有胜任工作的能力的过程。在国际组织中，人们对人格的重视程度丝毫不亚于对学历、资历等的重视程度。

面试开始时，面试官会先进行自我介绍。为了缓解应聘者的紧张情绪，面试官一般会从简单的内容开始对话，如从询问简历内容开始，或者聊一些天气情况等。接着，为了按具体评估项目逐一评分，面试官就会根据确认列表进行提问。

1. 基本问题（翻译的问题）

（1）关于应聘者自身的问题

- 请大概介绍一下到目前为止您的资历。
- 请介绍一下您的优缺点，还有您的特点。
- 您的家人同意您在实地（field）工作吗？
- 您一般是如何度过业余时间的？
- 您有没有解压方法？
- 您的兴趣是什么？
- 您会如何应对在发展中国家遇到的危险？
- 最近您因为什么事情生过气？您当时是如何处理的？
- 您最近所做的最重大的决策是什么？

（2）应聘动机

- 您为什么会应聘该国际组织以及该岗位？

● 请您介绍一下您所了解的该岗位的工作内容。

● 您有在该国际组织作出贡献的方案吗？

● 如果您赴任这一职位，您觉得您的哪些知识与经验会发挥作用？

● 您认为该国际组织选择聘用您的最主要的理由是什么？

● 您之前的上司与同事是如何评价您的优点的？

（3）关于国际组织

● 您对该国际组织有多少了解？

● 您觉得目前该国际组织面临的最大挑战是什么？请举两个例子，并提出解决方案。

● 本地政府的重要课题是什么？该国际组织应该如何应对？

（4）关于工作经验

● 请简单介绍一下您的工作经验。

● 您认为您的工作经验与应聘岗位一致的根据是什么？

● 在您的专业领域，民营企业与国际组织的区别是什么？

2. 关于核心价值与能力

以下为能力面试中最常见的问题，应聘者需要根据具体的招聘信息，分析其能力素质要求，准备相关问题的回答内容。

（1）Respect for Diversity（尊重多样性）

● 您有在多元文化、多种族的社会环境中工作的经历吗？

● 您有与不同背景的人一起工作的经历吗？

● 您认为要与多元文化、多种族的不同国籍人构建人际关系需注意什么？

● 您在以往的工作中，在性别方面特别注意过哪些问题？

（2）Professionalism（专业能力）

● 有没有在实地（field）工作过的经验，或者有没有能展现您专业技能的经验？

● 在本地有没有想象过一线生活是什么样的？

● 有没有经历过紧急援助？

● 能不能在艰苦的环境工作？

● 有没有把问题转变成机遇的经验？

● 在以往工作中遇到的问题中，最困难的是什么？您是如何解决的？

● 请举例介绍您参与策划并执行过某个项目的工作经验，其中您承担了什么角色？出现问题时，您是如何应对的？

（3）Integrity（诚实的人格，公益优先的人格，不畏挫折、不惧压力的性格）

● 如果该国际组织受到批评，您会如何应对？

● 有没有过道德两难的经验？

（4）积极改善服务，开发新的创意（Creativity）

● 在以往的工作中您有过什么好的创意吗？

● 如果有过调整组织体系、变更项目内容的经验，请介绍过程和结果。

● 请介绍在以往工作中所面临的问题以及为了解决问题所采取的措施。

（5）Commitment to Continuous Learning（为了自我提升持续努力，向他人学习的精神）

为了提高成员的专业性，可以采用哪些方式？

（6）Client Orientation（始终站在客户立场上面对问题，严格遵

守工作时间安排）

● 有没有跟强势的客户一起工作过？

● 与政府高级官员共事需要特别注意什么？

● 有没有因为工作跟政府产生过矛盾？

● 与捐助人的关系中，需要注意什么？

● 工作方面，跟政府机关、研究机构、非政府机构等相关人士建立过什么样的关系？

● 如果成功应聘本岗位，能与本地政府以及其他相关人员建立什么样的关系？

（7）Planning & Organizing（设定战略性目标，明确优先级）

● 同时有众多行程与工作时，需要特别注意什么？

● 需要同时进行众多工作时，您会按照怎样的标准确定优先级，以便在指定时间内完成工作？

● 应聘本岗位之后，若需要与五位下属开展十五个项目，您觉得需要什么准备？

● 上司给您安排了几个紧急工作，您会如何应对？

● 若您的下属并不懒惰，但是总是在不经意间耽误工作，您认为采取什么措施才能促使他按时完成工作？

（8）Team Work（协作、向同事学习、考虑整个团队的言行、共担责任）

● 有没有跟团队成员协作完成过工作？

● 与团队成员共同工作时，您经常担任团队领导吗？经常是团队意识最强的人吗？

● 请举例介绍以往经历中需要团队合作的情况，以及其中您所发挥的作用。

● 请举例介绍成功的团队项目。

● 您认为优秀的团队合作中，必备因素是什么？

● 与同事共同做事时，您的风格如何？

● 您与同事吵架时，您会如何应对？

● 在工作单位，您是如何处理人际关系问题的？

（9）Communication（明确有效的表现能力、对话能力、信息共享能力）

● 您所应聘的岗位要求具备优秀的文书写作能力，您有这方面的经验吗？

● 要向捐助人汇报有关情况时，您认为最为关键的沟通能力是什么？

● 请在您所制定的文件中找出沟通能力因素？

● 请举例介绍能够体现您具备一定的沟通交流能力的经历？

● 您认为培养沟通能力的有效方法是什么？

● 针对投诉，您的应对方案是什么？

● 若上司驳回了您的建议，您会如何应对？

（10）Technological Awareness（技术意识：及时掌握现有技术，积极借助可用技术，乐于学习新兴技术）

您掌握的软件、应用程序有哪些？

（11）Vision（明确战略，积极预测）

● 如果应聘成功，您想在三周内做什么？

● 如果应聘成功，今后十年您想实现什么？

● 利用该国际组织的优势，您想实现什么？